Arne Hoffmann

Spanking

Die Kunst der erotischen Züchtigung

Erotik-Ratgeber

LEBE.JETZT HARDCOVER
BAND 511
1. AUFLAGE: MAI 2019
2. AUFLAGE: NOVEMBER 2021
3. AUFLAGE: AUGUST 2022
4. AUFLAGE: JANUAR 2025

VOLLSTÄNDIGE BUCHAUSGABE
ORIGINALAUSGABE

LEBE.JETZT IST EINE MARKE VON

LEKTORAT:
MARIE GERLICH

UMSCHLAGGESTALTUNG: WWW.HEUBACH-MEDIA.DE
GESETZT IN DER TRAJAN PRO,
ADOBE GARAMOND PRO & CORPORATE S

PRINTED IN GERMANY
ISBN 978-3-86277-878-2
WWW.BLUE-PANTHER-BOOKS.DE

Inhalt

Liebe Leserin, lieber Leser,

wenn man erotische SM-Spiele durch ein einziges Geräusch symbolisieren wollte, dann wäre es das Knallen einer Peitsche. Durch diesen Klang allein werden entsprechend veranlagte Menschen oft sofort erregt. Anderen geht es so, wenn sie Bilder von einem Rohrstock im Einsatz sehen. Tatsächlich hat Spanking, also erotische Strafen und Züchtigungen, so viele Fans, dass entsprechende Szenen häufig auch in Mainstream-Filmen zu sehen sind. Aber wie setzt du solche Aktionen in die Tat um, ohne deinem Partner bleibende Schäden zuzufügen? Wie verwendest du gekonnt eine Peitsche, eine Reitgerte oder einen Flogger? Wie gestaltest du ein Spanking besonders erotisch und befriedigend für euch beide? Und sind Ohrfeigen wirklich so harmlos, wie es scheint?

Solche Fragen beantwortet dieser Ratgeber umfassend wie tiefgehend. Hier erfährst du alles, was du für entsprechende Spiele wissen musst. Dabei ist dieses Buch auf den folgenden Grundlagen entstanden:

- Es richtet sich insbesondere an Anfänger. Wenn du noch überhaupt keine Erfahrungen mit Spanking hast, bist du hier richtig. Profis hingegen werden wohl einige Passagen überspringen, können in anderen aber vermutlich auch noch etwas dazulernen.

- Wie alle meine Ratgeber ist dieses Buch am Speisekarten-Prinzip orientiert: Statt dir die Dinge so zu erklären, als ob es nur einen einzigen richtigen Weg gäbe, kannst du auswählen, welche der vielen Tipps und Ideen dir für das, was du vorhast, passend erscheinen.
- Das Buch spricht dich fast durchgehend in der Rolle desjenigen an, der die Schläge erteilt. Nur das vorletzte Kapitel erklärt, was man als gezüchtigter Partner tun kann, um das Spiel einen Erfolg werden zu lassen.
- Ich habe beim Schreiben versucht, inhaltlich alle denkbaren Geschlechterkombinationen zu berücksichtigen (also Mann züchtigt Frau, Frau züchtigt Mann, Mann züchtigt Mann und Frau züchtigt Frau), ohne den Ratgeber sprachlich zu verkomplizieren. Du musst eigentlich nur wissen: Das Buch richtet sich an weibliche wie männliche Leser, und wenn ich auf diesen Seiten von »deinem Partner« spreche, kann das auch eine Partnerin sein.

Ich wünsche dir viel Spaß beim Lesen und der Umsetzung. Auf dass jeder Schlag so sitzen möge, dass ihr beide daran das größtmögliche Vergnügen habt!

Warum finden es manche Menschen erregend, gezüchtigt zu werden?

Wenn du dir diesen Ratgeber besorgt hast, ist die Wahrscheinlichkeit hoch, dass dich die Vorstellung scharfmacht, dir jemanden mit der Peitsche, dem Rohrstock oder auf eine andere Weise vorzunehmen. Vielleicht schreckst du aber auch davor zurück, weil du Hemmungen hast, einem anderen Menschen Gewalt anzutun. Wir alle haben gelernt, dass es nicht okay ist, jemand anderem absichtlich wehzutun, und vielleicht hat dich das bislang daran gehindert, deine erotischen Fantasien Wirklichkeit werden zu lassen.

Wenn du bisher so gedacht hast, kann es helfen, dass du dir den Unterschied zwischen einvernehmlicher und nicht einvernehmlicher Gewalt noch klarer machst als bisher. Menschen haben die Freiheit, selbst zu Körperverletzungen einzuwilligen, wenn damit etwas verbunden ist, was die Sache aus ihrer Sicht wert ist. Sie tun das zum Beispiel, wenn sie sich von einem Chirurgen aufschneiden lassen, wenn sie an sich Tätowierungen oder Body Modification vornehmen lassen und wenn sie bestimmte Sportarten wie Boxen ausüben. Auch was erotische Aktivitäten angeht, haben Menschen vielfältige Gründe,

Schmerzen und sogar das Risiko von Verletzungen zu ertragen. Wenn du dir solche Gründe vor Augen führst, kannst du nicht nur unnötige Sorgen und Ängste verringern, sondern verstehst auch besser, was in deinem (vielleicht erst noch gewünschten) Partner vorgeht.

- Der erste und offenkundige Grund ist, dass manche Menschen nun einmal Masochisten sind und durch Schmerzen sexuell erregt werden. Diese Reaktion ist gar nicht so verrückt, wie sie klingt. Schmerzen können eine Reaktion des vegetativen Nervensystems auslösen, die schnellere Atmung sowie erhöhten Herzschlag und Blutdruck erzeugt – Symptome, die auch für sexuelle Erregung typisch sind. Außerdem lösen Schmerzen eine Ausschüttung körpereigener Stoffe aus, sogenannte Endorphine, die zu einem intensiven Hochgefühl führen können, manchmal sogar zu einem tranceartigen Bewusstseinszustand. Und nicht zuletzt gieren viele Masochisten danach, dass ganz bestimmte Stellen ihres Körpers behandelt werden – Stellen, die oft erogene Zonen darstellen und die über Nervenstränge direkt mit den Geschlechtsorganen verbunden sind.

- Natürlich reagieren auch Masochisten nicht auf jede Form von Schmerz auf diese Weise. Kopfweh oder ein Blinddarmdurchbruch lösen auch bei ihnen keinen Orgasmus aus. Der Schmerz sollte möglichst gekonnt in ein erotisches Spiel eingefügt sein. Außerdem bevorzugen viele Masochisten nur eine bestimmte Form von Schmerz: Sie lassen sich zum Beispiel liebend gern auspeitschen, würden aber das Weitermachen augenblicklich verweigern, sobald ein Rohrstock ins Spiel kommt – oder umgekehrt.

- Nicht jeder Schmerz, den man einem Menschen bei SM-Spielen zufügt, muss so unerträglich sein, dass man es kaum aushält. Oft bleiben die Schmerzen auf einem so niedrigen Niveau, dass Menschen, die sie erleiden, das eher als eine intensive Form der Körpererfahrung wahrnehmen, so wie manche Sportarten oder den Besuch einer Sauna.

- Viele Menschen, die sich bei SM-Spielen gern unterwerfen und zum Beispiel auspeitschen lassen, sind jedoch gar keine Masochisten. Sie genießen den Schmerz nicht wirklich, sondern haben Angst davor. Was sie aber genießen, ist ihre Hilflosigkeit und die Macht eines anderen Menschen über sie. Beides spüren sie besonders intensiv, wenn dieser andere Mensch sie wirklich fies quälen kann, wann immer es ihm gerade Spaß macht. Für solche Menschen entsteht die sexuelle Lust durch den Schmerz also sehr indirekt. Auch Schläge, die keine starken Gefühle der Angst und Hilflosigkeit auslösen, können von manchen Menschen als auf geile Weise demütigend empfunden werden, beispielsweise eine Ohrfeige – erst recht, wenn sie in Anwesenheit anderer Menschen erteilt wird.

- Manche Menschen sehen ihre Aufgabe auch darin, ein möglichst perfekter Sklave für ihren Herrn (oder ihre Herrin) zu sein. Sie akzeptieren, dass sie von ihrem Herrn beispielsweise mit einer Rute diszipliniert werden, wenn sie an irgendeinem Punkt versagt haben. Manchmal betrachten sie es auch als besondere Herausforderung, für ihren Herrn wirklich viel auszuhalten, und sind stolz auf sich, wenn sie das geschafft haben. Was dem einen sein Marathonlauf, um seine Willenskraft und Ausdauer zu beweisen, ist dem anderen seine Auspeitsch-Orgie.

- Wieder andere Menschen tragen Schuldgefühle mit sich herum – ob diese Gefühle nun einen guten Grund haben oder nicht. Wenn diese Menschen gezüchtigt werden, kann das für sie eine emotional reinigende Erfahrung darstellen, wozu sie sonst keine Gelegenheit finden. Auch andere Gefühle, die normalerweise verdrängt werden, können durch eine Spanking-Session aufgewühlt und bewältigt werden.

- Manche Paare genießen es, dass die klassischen Rollen von Mann und Frau, die im heutigen Alltag oft verloren gehen, wiederhergestellt werden, wenn ein Mann seine Partnerin beispielsweise übers Knie legt. Die Autorin Constance Summers schildert die weibliche Perspektive eindrücklich in ihrem Ratgeber »How to Begin Spanking«: *»Viele von uns machten die beglückende Entdeckung, dass, sobald unser Partner anfängt, uns zu verprügeln, unsere Tendenzen* *zu zickigem, herrischem und kontrollierendem Verhalten radikal abnehmen. Es ist nicht so, dass wir uns in unterwürfige Fußabtreter verwandeln. Es ist mehr so, dass das Wiedererwecken ursprünglicher Geschlechtsrollen uns an die Freude erinnert, Frauen zu sein und unsere Männer Männer sein zu lassen. Wir beginnen auch, unseren Partnern mehr zu vertrauen. Wenn sie in der Lage sind, die Kontrolle zu übernehmen, und uns die Prügel erteilen, die wir wollen (verdienen?), sind wir eher geneigt zu glauben, dass sie auch die anderen Teile des Lebens bewältigen können, die wir normalerweise kontrollieren müssen, um sie richtig zu erledigen. (…) Und natürlich setzt die Anspannung, die wir beim Hinternversohlen loswerden, auch viel von der negativen, stressvollen Energie frei, die uns dazu bringt, zickig, herrisch und kontrollierend zu sein.«*

- Selbst wenn sie am Neubeleben der alten Geschlechterrollen wenig Interesse haben, ist für Menschen, die sich gern erotisch züchtigen lassen, das Vertrauen, das sie damit ihrem Partner erweisen, von großer Bedeutung. Je größer das Risiko ist, dass etwas schiefgehen könnte, desto mehr Vertrauen zeigen sie für die Kompetenz ihres Partners – was für solche Menschen einen starken Liebesbeweis darstellt.

- Und manche Menschen schließlich akzeptieren einfach, dass die Lust ihres Partners sadistisch ausgerichtet ist und es ihn heißmacht, wenn er sie unter seinen Schlägen zappeln sieht. Da sie selbst unterwürfig sind, stellen sie sich dafür zur Verfügung.

Der Grund, weshalb dein Spielpartner bereit ist, sich von dir schlagen zu lassen, wird eure Aktionen beeinflussen. Mit jemandem, der rein unterwürfig ist, aber Schmerzen verabscheut, spielst du automatisch anders als mit einem echten Masochisten, der solche intensiven Reize genießen kann.

Wo verläuft die Grenze zwischen erotischem Spiel und echter Misshandlung?

Jetzt, wo du weißt, weshalb viele Menschen gern freiwillig Schläge einstecken, fragst du dich vielleicht trotzdem, wo die Grenze zu ernsthafter Gewalt in der Partnerschaft verläuft. Glücklicherweise ist diese Frage leicht zu beantworten:

- SM-Spiele finden einvernehmlich statt. Beide Partner haben Respekt voreinander und einigen sich vorher darauf, was einer mit dem anderen anstellen darf.

- Bei SM-Spielen ist man sehr bemüht, bleibende Verletzungen und anderweitige Schädigungen zu vermeiden. Dem Partner, der schlägt, ist klar, dass er hier eine große Verantwortung übernommen hat.

- SM-Spiele sind sexuell erregend und befriedigend, machen Spaß und führen zu größerem Vertrauen zueinander.

- Bei SM-Spielen reicht ein Wort aus, um sie abzubrechen. Bei häuslicher Gewalt sind oft tausend Worte nicht genug.

Diese zentralen Unterschiede machen von Anfang an klar, was der Sinn dieses Ratgebers ist. Du wirst auf den folgenden Seiten lernen, wie du erotische Züchtigungen so gestaltest, dass sie für euch beide lustvoll sind, ihr sie gut kontrollieren und das Risiko von ernsthaften Verletzungen senken könnt. Auch zwei grundlegende Regeln für dein eigenes Verhalten kannst du den eben aufgeführten Unterschieden entnehmen:

- Stelle immer sicher, dass dein Partner versteht, was du mit ihm anstellen möchtest, und dass er sich dafür wirklich gern zur Verfügung stellt.

- Schlage deinen Partner niemals im Zorn. Solche Spiele sind alles andere als ein Ventil dafür, deinen Ärger abzureagieren. Dafür musst du andere Wege finden.

Wie gehst du absolut sicher, deinen Partner bei solchen Spielen nicht zu verletzen?

Ich kann bestens verstehen, dass du nach einem Weg suchst, Züchtigungsspiele durchzuführen, bei denen die Gefahr ernsthafter Schädigungen bei absolut null liegt. Diese Hoffnung ist jedoch in den allermeisten Fällen eine Illusion – und auch darüber musst du dir klar werden.

Natürlich kann deinem Partner nichts passieren, wenn du ihm lediglich mit ein paar Fingern einen leichten Klaps auf die Schulter gibst. Hier ist die Energie, die du aufwendest, allerdings so gering, dass daraus auch keine große Stimulation entsteht. Sobald du so viel Kraft einsetzt, dass sich daraus ein genussvolles Spanking-Spiel entwickelt, besteht auch bei größtmöglicher Vorsicht immer das Restrisiko, dass etwas schiefgeht.

Ein zentraler Leitspruch der SM-Szene lautet »safe, sane and consensual«: sicher, geistig gesund und einvernehmlich. Dieser Leitspruch jedoch wurde schon vor einiger Zeit mit dem Einwand kritisiert, dass man sich etwas vormacht, wenn man bei solchen Aktionen an absolute Sicherheit glaubt. Deshalb richten sich viele SMer nach einer neuen Leitlinie: »risk aware consensual kink« (oder kurz: RACK), zu Deutsch: risikobewusste einvernehmliche Sexspiele. Ähnlich wie bei anderen Dingen, vom Bergsteigen bis zum Motorradfahren, sollten erwachsene Menschen sich auch bei SM-Spielen die Freiheit nehmen dürfen, Dinge zu tun, bei denen Verletzungen nicht realistisch ausgeschlossen werden können. Man sollte vernünftigerweise aber viel tun, um dieses Risiko möglichst gering zu halten.

Wie können deine ersten Schritte aussehen, wenn diese Praktik neu für dich ist?

Wenn du diesen Ratgeber liest, hast du womöglich noch niemals einen anderen Menschen im erotisch-liebevollen Spiel geschlagen. Mach dir keine Sorgen: Auf den folgenden Seiten erfährst du, wie du dich solchen Aktionen ganz sanft und Schritt für Schritt annähern kannst, ohne dass du dich oder deinen Partner überforderst. Du musst dich lediglich darauf einstellen, dass du nicht von Anfang an als Super-Master oder Super-Domina auftreten kannst, sondern dein Partner dein allmähliches Lernen mitbekommt. Dabei vergibst du dir nichts, wenn du mit einem Menschen lernst und deine erworbenen Künste bei einem anderen Menschen anwendest (der dann vermutlich fragt, wieso du das so gut kannst). Jedenfalls erfordern zum Beispiel gezielte Peitschenhiebe, die du vielleicht aus SM-Pornos kennst und die dort aussehen, als würden sie ganz lässig aus der Hüfte erfolgen, in Wahrheit lange Stunden an Übung. Auch du wirst nicht darum herumkommen.

Dir erotische SM-Videos aufmerksam anzusehen, kann aber einen ersten Schritt darstellen. Achte darauf, wie die Akteure stehen, wie sie zuschlagen und wo das Schlaginstrument schließlich landet. Du kannst dir hier schon einiges abschauen.

Noch besser wäre es natürlich, wenn du einen Profi finden kannst, der dir zeigt, worauf du etwa bei der Verwendung einer Peitsche zu achten hast. Vermutlich gehört ein solcher Profi nicht zu deinem Bekanntenkreis. Dann hinge es von dir ab, wie forsch und selbstbewusst du jemand Fremden um Hilfe bitten möchtest. Vielleicht gibt es ja einen SM-Stammtisch oder ein anderes Szenetreffen in deiner Stadt: Kannst du dir vorstellen, jemanden dort um Hilfe zu bitten? Oder jemanden, den du auf einer Online-Kontaktbörse für SMer, wie die »Sklavenzentrale«, ansprichst? Oder sogar eine Domina, die du dafür vermutlich entlohnen müsstest? In diesem Fall kann es sogar eine gute Idee sein, dass du dir selbst ein paar Schläge erteilen lässt. Auch wenn verschiedene Menschen ein unterschiedliches Schmerzempfinden haben, weißt du dann wenigstens ungefähr, was du deinem Partner eigentlich zufügst und wie heftig du zu Werke gehen kannst. Hältst du selbst es aus, ein Dutzend Schläge einzustecken? Wie geht es dir danach?

Aber das wäre nur der Idealfall. Ich gehe für alles Weitere davon aus, dass du niemanden findest, der dich unter seine Fittiche nimmt, sondern dir alles Notwendige mithilfe dieses Ratgebers selbst beibringen musst. Genau dafür ist dieses Buch schließlich gedacht.

Wenn du den Einsatz von Schlaginstrumenten auf eigene Faust lernen möchtest, ist es zunächst einmal sinnvoll, wenn du nicht mit deinem Partner oder deiner Katze beginnst, sondern mit einem unbelebten Objekt. Manche nehmen dafür ein Stofftier, andere die Couch, aber am geeignetsten ist ein weiches Kissen oder eine flauschige Decke – weich genug, damit dort die Spur zurückbleibt, die dein Schlaginstrument erzeugt hat. So weißt du genau, wo du getroffen hast. Je nachdem, mit welchem Instrument du zuschlägst, ist das anfangs vermutlich noch nicht genau die Stelle, auf die du gezielt hattest. Aber nach und nach findest du heraus, worauf du zu achten hast.

Erst wenn du ausreichend Finesse entwickelt hast, dass jeder Schlag auch wirklich sitzt, solltest du dein Lernen an einem lebenden Menschen fortsetzen. Aber natürlich bittest du auch ihn nicht: »Darf ich mal eben deinen Rücken blutig peitschen, um zu trainieren, damit ich nicht versehentlich die falsche Stelle treffe?« Stattdessen gibt es eine ganze Reihe sinnvollerer Möglichkeiten, die Sache langsam angehen zu lassen:

- Dein Partner darf seine Kleidung oder zumindest Teile davon anbehalten, bevor du ihn dir vornimmst. Auf diese Weise hat er einen gewissen Schutz, auch wenn der demütigende oder intimere Effekt, der durch Nacktheit entsteht, schwächer wird. Der einzige Nachteil bei diesem Vorgehen ist, dass du nicht auf Anhieb sehen kannst, ob du mit deinen Schlägen körperliche Blessuren hinterlässt. Das müsstest du dir gegebenenfalls zwischendurch ansehen.

- Dein Partner schützt Stellen seines Körpers, die du auf keinen Fall aus Versehen treffen solltest, mit einer Decke oder einem Kissen. Im Verlauf dieses Ratgebers wirst du noch lernen, welche Regionen besondere Gefahrenzonen darstellen.

- Du fängst nicht mit einem Schlaginstrument an, sondern mit deiner flachen Hand. Wenn du damit zum Beispiel einen Hintern versohlst, merkst du noch schneller und intensiver als dein Partner, welche Wucht deine

Schläge haben. In der Handinnenfläche verlaufen nämlich sehr viel mehr Nervenenden als in einer Pobacke, was sie empfindlicher macht.

- Auch was die Heftigkeit und die Zahl deiner Schläge angeht, beginnst du eher zurückhaltend, bevor du die Intensität steigerst.

- Mindestens genauso viel Zeit wie aufs Schlagen verwendest du darauf, kontinuierlich zu überprüfen, wie es deinem Partner gerade geht. Achte auch auf seine Körpersprache und unwillkürliche, reflexartige Signale, die verraten könnten, dass er sich nur dir zuliebe zusammennimmt, obwohl er schon mehr eingesteckt hat, als er gut verkraften kann. Außerdem zeigst du damit sowie mit jeder zärtlichen und liebevollen Berührung, dass er für dich mehr als einen Prügelknaben darstellt, an dem du üben oder Dampf ablassen kannst.

- Wenn du zu Schlaginstrumenten übergehst, empfiehlt es sich, zunächst solche auszuwählen, die es dir erlauben, möglichst dicht an deinem Partner dranzubleiben. Auch dadurch wird die Heftigkeit der Schläge ebenso wie der Schweregrad, die gewünschte Stelle zu treffen, ganz allmählich gesteigert.

- Ich hatte schon erwähnt, dass verschiedene Menschen unterschiedlich empfindlich auf Schmerzen reagieren. Damit du weißt, woran du bei deinem Partner bist, empfiehlt sich eine Technik, die man als »Kalibrierung« bezeichnet. Dabei erteilst du deinem Partner einen Schlag und forderst ihn dann auf, die Heftigkeit des Schmerzes, den er empfindet, auf einer Skala zwischen eins und zehn einzuordnen. Dabei soll diese Skala ausdrücken, wie gut dein Partner diesen Schmerz aushalten kann. Nennt er eine niedrige Zahl, weißt du, dass du noch fester zuhauen kannst, ohne ihn zu überfordern. Nennt er eine hohe Zahl, solltest du dich besser zurücknehmen.

- Auch dein Partner kann bei euren ersten Experimenten die Gelegenheit zu einer Lernerfahrung haben. Dazu verbindest du ihm die Augen und erteilst ihm dann mit unterschiedlichen Instrumenten Schläge. Nach jedem Schlag forderst du ihn auf, dir mitzuteilen, wie angenehm oder unangenehm er diese Stimulation empfunden hat. Manche Menschen reagieren sehr überrascht darauf, was sie problemlos wegstecken und was nicht, wenn sie das jeweilige Schlaginstrument zuvor nicht zu Gesicht bekommen haben. Jetzt habt ihr eine noch aussagekräftigere Richtschnur, womit ihr spielen könnt und womit eher nicht.

- Schließlich kannst du deinen Partner bei deinen ersten richtigen SM-Spielen mit dir erlauben, immer zuerst zu nicken, wenn er für den nächsten Schlag bereit ist. Dadurch behält er einen Teil der Kontrolle über das Geschehen, und du kannst sichergehen, ihn nicht zu überfordern.

Ein mögliches Problem, das besonders großes Augenmerk erfordert, ist der sogenannte Wrap-around-Effekt: Bei bestimmten Schlaginstrumenten – vor allem bei Peitschen – besteht die Gefahr, dass du zwar auf den Hintern oder den Rücken deines Partners zielst, ihn aber verfehlst und die Spitze des Instruments um den Körper deines Partners herumzischt. Du würdest dann also seine Vorderseite treffen, vielleicht sogar seine Genitalien oder seine Brust, was beides sehr empfindliche Stellen sind. Es kann sein, dass du deinen Partner dabei so sehr verletzt oder ihm so starke Schmerzen zufügst, dass ihr euer Spiel abbrechen müsst.

Die Gefahr eines solchen Malheurs ist groß, wenn du entweder noch nicht richtig zielen gelernt hast oder wenn du beim Zuschlagen zu unkonzentriert bist. Deshalb sollte jeder Schlag deine volle Aufmerksamkeit besitzen.

Zwei Möglichkeiten, das Risiko dieses Fehlers in deiner Lernphase zu vermeiden, hatte ich schon erwähnt: Dein Partner kann zum Beispiel anfangs flach auf einem Bett oder einer anderen Unterlage liegen oder du könntest Teile seines Körpers durch Kissen oder eine Decke schützen. Außerdem sollte er beim Spanking so ruhig wie möglich am selben Fleck bleiben. Wenn er sich viel bewegt und von einer Stelle zur anderen wechselt, macht er es dir schwerer, ihn gezielt zu treffen.

Ein Trick, um deine Treffergenauigkeit zu erhöhen, besteht darin, dass du zunächst mit dem Ende deines Schlaginstrumentes die Stelle auf dem Körper deines

Partners antippst, auf die du es abgesehen hast. Dann holst du aus und lässt das Instrument auf eben diese Stelle niederfahren. Dabei dürftest du feststellen, dass du zielsicherer geworden bist. Besonders sinnvoll ist diese Praktik jedes Mal, wenn du dich neu ausrichten musst, also zu Beginn einer Züchtigung, wenn du eine andere Körperzone treffen möchtest oder wenn dein Partner sich in eine andere Position begibt. Allerdings funktioniert diese Methode nur bei halbwegs geraden Schlaginstrumenten wie Gerten und Stöcken. Wenn du eine Peitsche oder einen Gürtel verwendest, dürftest du damit kaum Erfolg haben.

Du brauchst keine Angst zu haben, dass du in den Augen deines Partners zu unbeholfen wirkst, wenn du so vorgehst. Stattdessen erzeugst du mit dem Markieren der Stelle seines Körpers, die es gleich erwischen wird, vor allem ein stärkeres Prickeln.

Was sind die Grundlagen einer gelungenen Züchtigung?

Irgendwann bist du mit deinen Übungen so weit, dass deine Schläge sitzen und du deinem Partner eine ordentliche Abreibung von Anfang bis Ende gönnen möchtest. Wie könnte eine entsprechende Session aussehen?

Bevor es richtig losgeht, solltest du dich noch einmal mit deinem Partner unterhalten, um einen Eindruck davon zu gewinnen, wie er drauf ist. Wirkt er eher ängstlich oder voll gespannter Vorfreude? Erkundige dich auch noch einmal nach aktuellen Empfindlichkeiten, Verletzungen oder Erkrankungen, die beim Spanking eine Rolle spielen könnten und auf die du achten musst. In erster Linie würde ich hier an Krankheiten wie Asthma, Diabetes und Epilepsie denken, aber verschiedene andere Beeinträchtigungen gehören ebenso dazu. Insbesondere, aber nicht nur, wenn du deinen Partner zum Auspeitschen fesselst, solltest du genau wissen, was du in einem Notfall zu tun hast. Damit sich dein Partner fallen lassen kann, muss er wissen, dass du seines Vertrauens würdig bist.

Dann führst du deinen Partner an den Ort, wo du ihn züchtigen möchtest. Dieser Ort sollte ausreichend warm und gut beleuchtet sein. Schließlich möchtest du gut erkennen können, wo deine Schläge landen. Wenn du einen düsteren Raum für stimmungsvoller hältst, dann sorge für die nötige Dunkelheit mit der Stelle als einziger Ausnahme, wo sich dein Partner befindet. Dort ist es durch entsprechend ausgerichtete Beleuchtung ausreichend hell. Das kann den zusätzlichen psychologischen Effekt haben, dass sich dein Partner wie auf dem Präsentierteller fühlt.

Vielleicht möchtest du es deinem Partner überlassen, deine Schlaginstrumente herbeizuholen und griffbereit auszubreiten. Damit betonst du seine Unterwerfung und seine Rolle als Sklave: Selbst dabei, dass ihm Schmerzen zugefügt werden, muss er aktiv mithelfen.

Allerdings hat es mit den ersten richtigen Schmerzen noch etwas Zeit. Damit dein Partner in einen Zustand kommt, wo er diese Empfindungen genießen kann, solltest du ihn erst einmal ganz allmählich aufwärmen. Das gelingt dir am besten, indem du ihm zunächst leichte und sanfte Schläge verpasst – vielleicht sogar so federleicht, dass du ihn kaum berührst. Damit gibst du ihm die Gelegenheit, sich an diese Form der Zuwendung zu gewöhnen. Er sollte spüren, dass du nicht vorhast, ihn auf unschöne Weise fertigzumachen, sondern dass er dir vertrauen kann. Dein Ziel sollte es sein, dass parallel zur wachsenden Heftigkeit deiner Schläge auch die Erregung deines Partners ansteigt.

Vielleicht willst du auch nicht einmal mit Schlägen anfangen, sondern mit einer einfachen Massage, um deinem Partner bei seiner Entspannung zu helfen. Das bietet sich natürlich vor allem an, wenn dein Partner bei seiner Auspeitschung liegt, statt zu stehen, was ich einem Anfänger ohnehin empfehlen würde. Durch eine solche Massage hast du auch mehr Gelegenheit, dich auf deinen Partner einzustimmen und zu spüren, ob er angespannt ist und auf Berührungen schreckhaft reagiert, oder ob er alles in allem relaxt wirkt.

Im Verlauf des Spankings gehst du allmählich zu stärkeren Schlägen über. Hier sollte dein Partner merken, dass die Heftigkeit immer weiter zunimmt. Mindestens solange ihr beide noch Anfänger seid, verzichtest du auf Faxen wie deinen Partner zu erschrecken, indem du ihm urplötzlich einen besonders heftigen Hieb überziehst, oder ihn zu verarschen, indem du einen heftigen Schlag antäuschst, dann aber nicht durchführst. Erst wenn ihr bei solchen Aktionen ein eingespieltes Paar seid, kannst du mit solchen Mätzchen experimentieren, damit es deinem Partner nicht zu langweilig wird, sondern er eine – hoffentlich prickelnde – Anspannung spürt.

Anstatt deine Schläge heftiger werden zu lassen,

indem du mehr Kraft hineinlegst, kannst du auch die Situation verändern, indem dein Partner bei den ersten Schlägen noch vollständig bekleidet sein darf und sich im Laufe eures Spiels immer weiter ausziehen muss. Möglicherweise wird er dafür sogar dankbar sein, weil du ihn in den letzten Minuten bereits zum Schwitzen gebracht hast. Vielleicht empfindet er es auch als auf erregende Weise beschämend oder demütigend, sich vor dir ausziehen zu müssen, um danach weitere Schläge zu empfangen.

Wenn du mehrere Schlaginstrumente einsetzt, kannst du die Intensität eures Spiels auch steigern, indem du von den angenehmeren zu den fieseren Exemplaren übergehst. Während die Frage, welches Instrument »fies« und welches erträglicher ist, von den persönlichen Vorlieben deines Partners abhängt, gibt es hier auch eine Faustregel: Manche Schlaginstrumente erzeugen einen eher dumpfen Schmerz, den man leichter wegstecken kann. Das sind Instrumente aus weichem Material mit einer großen Fläche oder mehreren Riemen, also beispielsweise ein gepolstertes Paddle oder ein Flogger aus weichem Leder. Andere Instrumente rufen einen gemeinen, stechenden Schmerz hervor, zum Beispiel ein harter dünner Rohrstock oder eine einriemige

Peitsche. Der dumpfe Schmerz wird in der Regel sehr viel besser ertragen.

Auch wenn eure Session heftiger wird, solltest du dich nicht so sehr davon mitreißen lassen, dass du vergisst, immer wieder nachzuschauen, wie es deinem Partner geht. Vor allem wenn ihr gerade erst mit solchen SM-Spielen anfangt, kann dieses Verhalten das Vertrauen deines Partners und seine Sicherheit, nicht wirklich in Gefahr zu sein, verstärken.

Du machst das Spiel für deinen Partner auch erträglicher, wenn du zwischen den Schlägen eine kleine Atempause einlegst und ihn mit sanfteren Berührungen verwöhnst. Vielleicht willst du auch mit deinen Fingerspitzen über seinen Rücken fahren, um ein lustvolles Kribbeln bei ihm zu erzeugen, oder angenehmes Material wie einen weichen Pelz über seine Haut gleiten lassen. Wenn seine Haut an manchen Stellen regelrecht glüht, magst du vielleicht auch mit einem Eiswürfel darüberfahren.

Das letzte Mal, dass du das Wohlergehen deines Partners überprüfst und ihm wieder liebevolle Berührungen zukommen lässt, ist, wenn das Spanking vorüber ist. Vermutlich braucht er dann besonders viel Zuwendung, weil er die körperliche und seelische Belastung, die er hinter sich gebracht hat, jetzt verarbeiten muss. Das bedeutet nicht, dass es ihm automatisch besonders schlecht gehen muss. Es kann sogar das Gegenteil der Fall sein und er befindet sich in einem euphorischen Hochgefühl. So oder so dürfte es sich aber um eine Grenzerfahrung halten, einen Ausnahmezustand, der mit den normalen Alltagsgefühlen wenig zu tun hat. Wenn ihr diesen Moment miteinander teilt, kann eine umso stärkere Verbindung zwischen euch entstehen.

Wie kannst du verhindern, dass du deinem Partner mehr Gewalt zufügst, als er verträgt?

Vielleicht hast du Angst, deinem Partner beim Spanking immer noch zuzusetzen, obwohl er die Grenze des für ihn gut Erträglichen eigentlich schon erreicht hat. Diese Sorge ist vernünftig. Zwar könnte man davon ausgehen, dass dein Partner sich schon meldet, wenn es ihm zu viel wird. Allerdings habt ihr vielleicht ein Rollenspiel vereinbart, zu dem es gehört, dass dein Partner sich deinen Schlägen zu entziehen versucht und »Nein, bitte nicht!« ruft. Schließlich kann es für unterwürfig veranlagte Menschen überaus erotisch sein, um Gnade zu betteln. Wie sollst du ahnen können, dass er das plötzlich ernst meint? Vielleicht hält er auch nur tapfer und mit zusammengebissenen Zähnen weiter aus, weil er meint, dass das zu seiner Rolle als Sklave gehört, weil er seine »Bestrafung« nicht abbrechen möchte oder weil er darauf vertraut, dass du schon selbst am besten einschätzen kannst, wann es genug ist. Die Gefahr ist dann groß, dass du ihn überbeanspruchst und er dir hinterher Vorwürfe dafür macht.

Was ihr benötigt, ist die Vereinbarung eines Signals, mit dem dein Partner unmissverständlich signalisieren kann, wie es ihm gerade geht. Ein solches Signal wird von erfahreneren Sadomasochisten als »Safeword« bezeichnet. Ein passendes Wort solltet ihr gemeinsam auswählen. Wenn ihr ein Rollenspiel miteinander spielt, sind schon mal sämtliche Wörter ungeeignet, die dabei ohnehin mitunter ausgerufen werden, also etwa »Aufhören!«. Dein Partner sollte aber in der Lage sein, sich das Wort zu merken und auch in einer extremen Belastungssituation verständlich auszusprechen. Wenn ihr daran denkt, habt ihr zwischen »Kühlerhaube« und »Teddybär« eine riesige Auswahl möglicher Wörter. Besonders häufig verwendete Safewords sind »Gnade!« – passt zur Situation, wird aber heutzutage kaum noch als Ausruf verwendet – sowie »Mayday!«.

Wenn dein Partner dieses Wort ausruft, solltest du seine Züchtigung augenblicklich abbrechen und dich um sein Wohlergehen kümmern. Andernfalls geschieht alles, was du danach tust, ohne die Einwilligung deines Partners und könnte zum Beispiel eine Körperverletzung oder sexuelle Nötigung darstellen. Es ist auch gut möglich, dass dein Partner ein unerwartetes Problem wahrgenommen hat, das deiner Aufmerksamkeit entgangen ist. Das alles sind gute Gründe, den Abbruch wirklich sofort zu vollziehen, statt zum Beispiel eine »Bestrafung« erst noch zu Ende bringen zu wollen.

Nun ist dieser plötzliche Tritt auf die Bremse eine recht extreme Maßnahme. Menschen, die solche erotischen Spiele genießen, haben sich deshalb etwas einfallen lassen, womit der gezüchtigte Partner das Spiel etwas sanfter mitgestalten kann: den sogenannten Ampelcode. Statt sich auf ein einziges Safeword zu beschränken, das nur eingesetzt wird, wenn für deinen Partner nichts mehr geht, kann er hier durch die Farben einer Verkehrsampel signalisieren, woran du bei ihm bist.

Dabei zeigt dir »rot!« an, dass dein Partner am Ende ist und das Spiel abgebrochen werden muss. Ruft dein Partner »gelb!«, macht er dir damit klar, dass er sich dieser Grenze nähert. Du kannst dein

Spanking also fortsetzen, solltest dich aber ein wenig zurücknehmen. Vielleicht lässt du deine Schläge weniger hart werden, vielleicht gönnst du deinem Partner eine Pause – auch um genauer herauszufinden, wo das Problem liegt. Sagt dein Partner »grün«, signalisiert er damit eigentlich nur, dass alles in Ordnung ist und du dich im sicheren Bereich befindest. Da Menschen allerdings selten solche Signale geben, ohne dass ein Grund dafür existiert – sonst könnte dein Partner während eures Spiels ja ständig »grün« sagen –, liegt der Verdacht nahe, dass er dich ermuntern möchte, ein bisschen weniger zaghaft zu sein und eine Nummer zuzulegen. Dieses Wort könnte also ein subtiles Signal dafür sein, dass dein Partner sich ein wenig zu langweilen beginnt.

Während ich die Verwendung solcher Codewörter vor allem Anfängern unbedingt empfehlen würde, sind erfahrene dominante SMer nicht immer begeistert davon. Sie stören sich daran, dass ihr Partner aufgrund solcher Codewörter nicht im Geringsten so »machtlos« ist, wie es eigentlich zu der gemeinsamen Inszenierung gehört, sondern dass er das Spiel und seine Heftigkeit damit erheblich steuern kann.

Eine Möglichkeit, diesen Schwachpunkt zu beheben, besteht darin, dass ihr euch darauf einigt, ein

Safeword nur in einem echten Notfall zu verwenden. Das könnten überraschende gesundheitliche Probleme deines Partners wie starke Übelkeit sein, aber auch, dass er zum Beispiel hört, wie sich im Schloss seiner Wohnungstür ein Schlüssel dreht, ihr also unerwarteten Besuch bekommt. In diesem Arrangement darf ein Safeword also nicht verwendet werden, nur weil deinem Partner seine Züchtigung zu heftig wird. In dieser Hinsicht wäre er dir und deiner Einschätzung, wann es mit dem Spanking genug ist, »ausgeliefert«.

Falls ihr nach dieser Regel miteinander spielen möchtet, lastet allerdings umso mehr Verantwortung auf deinen Schultern. Du kannst dich nicht mehr auf bestimmte Codewörter verlassen, sondern musst selbst so genau wie möglich wahrnehmen, in welcher Verfassung sich dein Partner befindet. Dazu benötigst du Erfahrung, wie er beim Auspeitschen reagiert. Diese Erfahrung gewinnst du erst durch eine Reihe von Spielen sowie eurer Aussprache danach – denn körpersprachliche Signale können auf ganz unterschiedliche Gefühlszustände hinweisen.

Ist es zum Beispiel ein Alarmsignal, wenn dein Partner zu weinen beginnt, oder gehört das für ihn zu der intensiven emotionalen Erfahrung dazu, die er gern erleben möchte? Zappelt er so herum, weil er erregt ist oder weil er weiteren Schlägen entgehen möchte? Schließt er die Augen, um in seinen lustvollen Fantasien zu versinken oder um dieser Situation gedanklich zu entkommen? Schmiegt er sich an dich, weil du ihm guttust oder weil er dich damit dazu bringen will, mit dem Peitschen aufzuhören und stattdessen zärtlich zu sein?

Oft wirst du an dem, was dein Partner sagt, oder am Klang seiner Stimme merken, wenn er ziemlich am Ende ist. Aber wenn du mit einem geknebelten Partner spielst, bleibt dir allein deine Interpretation solcher körpersprachlichen Signale zur Orientierung.

Wenn du deinen Partner zu Beginn eures Spiels knebeln möchtest, wäre es allerdings vernünftig, dass ihr euch auf ein nicht-sprachliches Signal für den absoluten Notfall (beispielsweise dreimaliges Aufstampfen mit dem Fuß) einigt.

Welche Stellen des Körpers kannst du dir unbesorgt vornehmen und welche nicht?

Wenn du dir deinen Partner bei einer Spanking-Session vorknöpfst, solltest du wissen, dass es bestimmte Stellen des menschlichen Körpers gibt, die du dabei unbedingt meiden solltest, damit du ihn nicht versehentlich verletzt, während du bei anderen Regionen weitgehend unbesorgt zuschlagen kannst.

Folgende Stellen solltest du von deinen Schlägen verschonen:

- Kopf (insbesondere die Ohren) und Hals. Zur einzigen Ausnahme, nämlich Ohrfeigen, gibt es so viel zu sagen, dass hierfür ein eigenes Kapitel in diesem Ratgeber folgen wird. Dass du auf den Kehlkopf und seine Umgebung nicht gewaltsam einwirkst, sollte ohnehin nachvollziehbar sein. Im Halsbereich befinden sich zu viele wichtige Sehnen und Drüsen, außerdem natürlich die Luft- und Speiseröhre.

- der Bereich von Niere, Leber, Lenden und Magen. Eventuell möchtest du deinen Partner sogar mit einem Nierengurt schützen, damit du diese Zone nicht versehentlich triffst. Wenn du nicht weißt, wo genau sich diese Organe befinden, informiere dich vor einer Spanking-Session darüber.

- der gesamte untere Rücken, dabei insbesondere das Steißbein. Wenn du es durch einen unbedachten Schlag zerbrichst, kannst du deinen Partner damit lebenslang schädigen.

- sämtliche Gelenke, also Knie, Ellenbogen und Handgelenke. Dort droht die Gefahr von Absplitterungen und Entzündungen.

- Stellen, die sich unmittelbar über dem Knochen befinden – also etwa das Schienbein und die Wirbelsäule – oder wo Nerven und Adern dicht unter der Haut verlaufen. Dazu gehören die Hüften.

- Bei folgenden Stellen solltest du zurückhaltender zuschlagen:

- die weiblichen Brüste.

- der Intimbereich bei beiden Geschlechtern. Auch hierzu wirst du eigene Kapitel in diesem Ratgeber finden.

- die Fußsohlen. Für Schläge darauf gibt es sogar einen Fachbegriff (»Bastinade«) und manche Sadisten nehmen sich die Fußsohlen gern vor, weil sie so schmerzempfindlich sind. Allerdings sind die Knochen der Füße auch besonders zerbrechlich. Darüber hinaus kannst du mit Schlägen gegen die Sohlen Blutergüsse erzeugen. Am besten, du entscheidest dich hier allenfalls für leichte Schläge mit deiner Hand oder weichem Leder.

- die Innenseite der Oberschenkel. Hier besteht keine große Verletzungsgefahr, aber diese Region ist besonders sensibel und schmerzempfindlich.

- Hier kannst du ungehemmt zuschlagen:

- die Pobacken bei ausreichendem Abstand zu Steißbein und Hüfte.

- die Rückseite und Vorderseite der Oberschenkel.

- der obere Rücken.

Es gibt eine Region des menschlichen Körpers, die auf Schläge regelrecht dankbar reagieren kann: der sogenannte »sweet spot«, der sich am unteren und inneren Punkt der Pobacken befindet, also dort, wo sie in die Oberschenkel übergehen. Viele Menschen genießen Schläge dorthin als lustvoll, weil diese Stelle über Nervenstränge direkt mit ihrer Genitalregion verbunden ist. Allerdings ist es auch genau die Stelle, auf der der Großteil des Gewichtes beim Sitzen ruht. Wenn du sie dir gründlich vorgenommen hast, wird dein Partner also noch mehrere Tage nach eurer Session daran erinnert werden. Ob ihr das als unschön oder als wünschenswert betrachtet, hängt von eurer persönlichen Einstellung ab.

Worauf solltest du achten, wenn du deinem Partner Ohrfeigen erteilst?

Wenn man sich anschaut, wie Ohrfeigen in Film und Fernsehen dargestellt werden, könnte man annehmen, es handle sich dabei um eine außerordentlich harmlose Form der körperlichen Gewalt: Ein Mann leistet sich einen dummen Spruch oder irgendein anderes Vergehen und kassiert dafür von einer Frau eine schallende Ohrfeige. Diese Frau hat damit ihre Überlegenheit bewiesen, und der betroffene Mann trägt keinerlei Schäden, sondern nur Nutzen davon, indem er sich in Zukunft hoffentlich besser benimmt.

Mit der Wirklichkeit hat dieser Mumpitz wenig zu tun. Tatsächlich gelten Ohrfeigen als eine derart gefährliche Praktik, dass manche SMer Anfängern generell davon abraten.

Zunächst einmal liegt ein Gefahrenpotenzial von Ohrfeigen in der seelischen Wucht, die mit diesem Schlag verbunden sein kann. Häufig drücken sie extreme Verachtung aus und werden vom Empfänger als besonders starke Demütigung empfunden – noch stärker, als wenn ihm jemand ins Gesicht spucken würde. Das kann für manche unterwürfige Menschen zwar gerade deshalb lustvoll und erfüllend sein. Andere kommen damit allerdings psychisch überhaupt nicht klar und das Unterwerfungsspiel muss augenblicklich abgebrochen werden.

Betrachtet man die denkbaren körperlichen Folgen einer Ohrfeige, ist das Risiko sogar noch größer. Zu den schwerwiegenden Konsequenzen kann eine Schädigung der Halswirbel gehören, wenn der Kopf deines Partners zur Seite geschleudert wird, eine teilweise Netzhautablösung, ein Trommelfellschaden und einiges mehr. Führst du die Ohrfeige extrem hart durch, kann sie sogar zu einer gebrochenen Nase führen, einen Zahn oder sogar ein Auge kosten.

Insofern ist es geboten, vor dieser Praktik großen Respekt zu haben. Erfreulicherweise ist das trotz der verharmlosenden Darstellung in Film und Fernsehen bei den meisten ja auch der Fall. Von einer Freundin, die Kampfsport trainiert, weiß ich, dass viele Menschen enorme Schwierigkeiten damit haben, jemand anderen ins Gesicht zu schlagen. Wenn dein Partner also gern geohrfeigt werden möchte und du feststellst, dass du enorme Hemmungen dabei hast, bist du damit kein Einzelfall, sondern eher die Regel.

Indem du dich an die folgenden Tipps hältst, kannst du das Risiko, deinem Partner unbeabsichtigten Schaden zuzufügen, deutlich senken:

- Achte darauf, immer das Zentrum der Wange zu treffen. Wenn du zu hoch zielst, kannst du die Schläfen oder das Auge verletzen, zielst du zu niedrig, den Kiefer. Wenn du das Ohr erwischst, verletzt du dabei eventuell das Trommelfell. Triffst du nur die Vorderseite der Wange, verletzt du mit etwas Pech die Lippen.

- Verringere das Risiko, eine andere Stelle als die anvisierte zu treffen, indem du immer mit deiner Schlaghand ohrfeigst statt mit der Hand, mit der du ungeübt bist.

- Schlage immer mit der offenen statt der geschlossenen Hand zu. Wenn du noch dazu deine Finger etwas auffächerst, dürfte dein Partner den Schlag als weniger unangenehm empfinden.

- Vermeide als Anfänger Schläge mit der Rückhand, denn sonst wird dein Partner von deinen Fingerknöcheln getroffen, was einen größeren Schaden anrichten kann. Wenn es ganz dumm läuft, kannst du dir bei dieser Praktik sogar selbst einen Finger brechen.

- Um eine Schädigung der Halswirbel zu verhindern, kannst du den Kopf deines Partners am Kinn oder der gegenüberliegenden Wange festhalten.

- Falls du den Kopf deines Partners nicht festhalten möchtest, achte wenigstens darauf, dass er keinen festen Gegenstand treffen kann, falls er zur Seite geschleudert wird.

- Ohrfeige – vor allem als Anfänger – nur locker aus dem Handgelenk und nicht mit dem vollen Schwung deines Arms oder sogar (nachdem du weit ausgeholt hast) mit der Wucht deines Arms, deiner Schulter und deines Oberkörpers. Letzteres kann deinen Partner herumschleudern und vielleicht sogar stürzen lassen.

- Noch vorsichtiger bist du, wenn du nur mit deinen Fingern statt der Handfläche zuschlägst – zumindest solange du noch Anfänger in diesem Bereich bist.

- Achte darauf, dass dein Partner keine Kontaktlinsen und keine Zahnbrücken trägt. Beide könnten durch den Schlag kaputt gehen. Auch Ohrringe sollte er vorher sicherheitshalber abnehmen.

- Auch du selbst solltest keinen Schmuck an deiner Hand tragen, wenn du damit zuschlägst.

- Wenn du sichergehen möchtest, beim Schlag nicht versehentlich die Wange deines Partners aufzukratzen, schneide dir vorher die Fingernägel.

- Sei dir im Klaren darüber, dass Ohrfeigen für jeden sichtbare Spuren hinterlassen können. Vor allem wenn du mit gewölbter Hand zuschlägst, sind sie mitunter auch am nächsten Tag noch zu sehen – und etliche Menschen, die deinem Partner begegnen, dürften automatisch annehmen, dass er Opfer häuslicher Gewalt geworden ist.

- Wenn die Wange deines Partners tränenfeucht ist, empfindet er Schläge auf diese Wange als noch schmerzhafter.

- Wenn dir beim Ohrfeigen selbst die Hand wehzutun beginnt, schlägst du zu fest zu.

Worauf solltest du achten, wenn du die Brüste deiner Partnerin auspeitschst?

Wie ich bereits angerissen habe, solltest du die Brüste deiner Partnerin mit so wenig Kraft wie möglich schlagen, sodass die Auswirkungen dieser Kraft an der Oberfläche bleiben. Andernfalls droht die Gefahr, dass du innere Verletzungen in den Adern oder Drüsen erzeugst, was wiederum zu bleibenden Taubheitsgefühlen führen kann. Unter Umständen verschlimmerst du auch den Zustand einer in der Brust verborgenen Zyste.

Außer die Wucht deiner Einwirkung zu mäßigen, solltest du Schläge direkt von vorn vermeiden, da dann dein Schlag direkt auf den Drüsenkörper treffen würde und der nicht ausweichen könnte. Schlage und peitsche also immer nur wenigstens leicht von der Seite. Besonders wenn deine Partnerin stillt und wenn sie Brustimplantate trägt, gehst du besser zurückhaltend vor.

Auch wenn du die Brüste deiner Partnerin gern zum Hüpfen bringst, sollte die Auf-und-ab-Bewegung dieser Brüste nicht stärker als beispielsweise beim normalen Joggen erfolgen.

Aber deine Kraft zu mäßigen ist nicht das Einzige, worauf du achten solltest, wenn du die Brüste deiner Partnerin malträtierst. Ein weiteres Risiko besteht darin, dass dein Schlag versehentlich zu hoch geht und Hals oder Gesicht deiner Partnerin erwischt. Diese Gefahr kannst du, vor allem wenn du als Anfänger noch nicht ganz zielsicher bist, dadurch beseitigen, dass du entweder mit der Hand, mit der du nicht zuschlägst, das Kinn deiner Partnerin anhebst oder indem du sie ein Handtuch um den Hals tragen lässt. Hier gilt wie immer das bereits erwähnte Prinzip des »risikobewussten Spiels«: Wenn ihr solche Vorsichtsmaßnahmen als unerotisch und störend empfindet, könnt ihr sie natürlich auch in beiderseitiger Einigkeit weglassen, müsst euch dann aber im Klaren darüber sein, dass ihr darauf verzichtet, bestimmte Gefahren zu minimieren.

Wenn du die Brüste deiner Partnerin ein wenig mehr quälen möchtest als sonst, ohne deren Gesundheit zu gefährden, kannst du zum Beispiel ihre Nippel mit einer Zahnbürste aufrauen. Danach wird deine Partnerin jeden Treffer, den du an dieser Stelle landest, als deutlich unangenehmer empfinden.

Worauf solltest du achten, wenn du die Möse deiner Partnerin auspeitschst?

Ähnliche Vorsicht wie bei den Brüsten ist beim Schoß deiner Partnerin geboten. Am besten ist es, wenn du erst einmal so sanft wie möglich beginnst, um zu sehen, wie deine Partnerin überhaupt darauf reagiert.

Außerdem verwendest du ein möglichst weiches und kurzes Schlaginstrument, mit dem du deine Schläge aus dem Handgelenk heraus erfolgen lässt. Um die Empfindungen, die deine Partnerin spürt, allmählich intensiver werden zu lassen, erhöhst du nicht die Kraft, mit der du deine Schläge ausübst, sondern ihre Geschwindigkeit.

Falls du dich für eine Peitsche als Schlaginstrument entschieden hast, kannst du deine Hand so halten, dass sie beim Zurückschwingen der Schnüre selbst getroffen wird. So kannst du die Intensität des von dir erzeugten Schmerzes genauer einschätzen.

Die Klitoris ist besonders empfindlich und auch für Blutergüsse anfällig. Um deiner Partnerin hier nicht allzu sehr zuzusetzen, kannst du als Schlaginstrument bei der Klitoris eine Zahnbürste verwenden. Vielleicht verzichtest du auch darauf, dir die Klitoris direkt vorzunehmen, und schlägst stattdessen nur auf den Venushügel, wobei die Stimulationen, die du erzeugst, in die Klitoris weitergeleitet werden.

Zwischen den Schlägen kannst du die Erregung deiner Partnerin weiter anfachen, indem du ihre Schamlippen und ihre Klitoris mit deinen Fingern zärtlich verwöhnst.

Worauf solltest du achten, wenn du Penis und Hoden deines Partners züchtigst?

Der Penis ist für Blutergüsse kaum weniger anfällig als die Klitoris, weshalb du auch hier aufpassen solltest. Während du der Wurzel des Penis mit leichten Schlägen zusetzen kannst, solltest du das besser nicht tun, wenn dieses Lustorgan deines Partners prall und aufgerichtet ist: Dann ist die Gefahr eines Gewebeschadens zu groß.

Kräftigere Schläge gegen den Schaft des Penis können im Unterhautgewebe zu Blutergüssen führen, die sehr schnell in Form von dunkellila Bläschen sichtbar werden. Diese sind nicht gefährlich, aber es kann eine Woche dauern, bis sie endlich verschwinden.

Falls dein Partner Diabetiker ist, solltest du seinen Penis generell von Schlägen verschonen.

Dass die Hoden eines Mannes ebenfalls hochempfindlich sind, dürfte dir bekannt sein. Selbst mit der flachen Hand zuzuschlagen, kann hier schon zu heftig sein. Falls du sie trotzdem behandeln möchtest, solltest du das lediglich mit einer Bewegung deiner Finger tun.

Für Männer wie Frauen gilt, dass du ein Schlaginstrument, dass du im Intimbereich eines Menschen verwendet hast, danach nicht bei jemand anderem benutzen solltest, weil du dadurch unter anderem Geschlechtskrankheiten übertragen kannst.

Was sind die Vor- und Nachteile verschiedener Positionen deines Partners, wenn du ihn dir vornimmst?

Eine zentrale Frage, wenn du deinem Partner ein erotisches Spanking zukommen lassen möchtest, dreht sich darum, welche Stellung du ihn dabei einnehmen lässt und wie du dich selbst dazu positionierst. Bei der Entscheidung gibt es mehrere Aspekte zu beachten. Beispielsweise könntest du dich Folgendes fragen:

- Bietet dir dein Partner die Körperzone, auf die du es abgesehen hast, so gut dar, dass du sie problemlos treffen kannst?

- Stehst du dicht genug an deinem Partner, um ihn zu treffen, ohne dich vorbeugen zu müssen?

- Hast du genug Platz zum Ausholen und kraftvollen Zuschlagen?

- Kann dein Partner problemlos mit dir kommunizieren, sodass dir nicht entgeht, wenn er Probleme zurückmeldet?

- Kann dein Partner ohne Beeinträchtigung tiefe Atemzüge machen?

- Kann dein Partner diese Stellung über längere Zeit hinweg aufrechterhalten, ohne erschöpft zu sein? Du kannst ihn ruhig zu einer anstrengenden Stellung verdonnern, aber dann solltest du ihm zwischendurch Erholungspausen gönnen.

- Ist deine eigene Position angenehm und störungsfrei, sodass du volle Kontrolle über das Geschehen hast und mit Spaß dabei genießen kannst?

- Ist die Position deines Partners angenehm genug, dass er seine Aufmerksamkeit ganz den Schlägen widmen kann, die er von dir erteilt bekommt?

- Sind diejenigen Körperzonen deines Partners, die du auf keinen Fall treffen möchtest, ausreichend geschützt?

- Ist die Position, die du deinen Partner einnehmen lässt, vielleicht sogar etwas demütigend für ihn?

- Macht diese Position deinem Partner ausreichend klar, wie wenig Kontrolle er über das hat, was du mit ihm anstellen wirst – beispielsweise indem er nicht ausweichen kann oder indem er seine empfindlichsten beziehungsweise intimsten Stellen für deine Schläge hinhalten muss?

- Dient der Anblick deines Partners in dieser Position deiner Erregung?

Lass dir ruhig Zeit damit, deinen Partner in eine möglichst günstige Position zu bringen. Es besteht kein Grund zur Eile – im Gegenteil: Je pingeliger du bist, desto glatter dürfte nicht nur das Spanking ablaufen. Vor allem übst du durch deine Pingeligkeit bereits deine Macht aus. Du verstärkst die Erniedrigung und die Demütigung deines Partners, wenn du mit dem, was er tut, nicht von Anfang an zufrieden bist und ihm herablassend zeigst, dass er es nicht einmal hinbekommt, einfachen Anforderungen gerecht zu werden. Darüber hinaus zögerst du so den Beginn des Spankings hinaus und vergrößerst dadurch die innere Anspannung und Nervosität deines Partners, was hoffentlich in sexuelle Erregung umschlagen wird.

Wenn dein Partner während des Spankings nachlässig wird, was das korrekte Einnehmen der von dir gewünschten Position betrifft, kannst du ihn jeweils maßregeln und ihm mit einer noch strengeren Strafe drohen, falls er sich in dieser Hinsicht nicht fügt.

Schauen wir uns jetzt einmal an, welche Positionen dir zur Auswahl stehen:

Du könntest deinen Partner mit ein wenig Abstand vor eine Wand stellen, an der er sich abstützt. Außerdem befiehlst du ihm, seine Beine ein Stück weit zu spreizen.

- **Die Vorteile:** Es handelt sich um eine stabile Stellung, bei der du den Rücken deines Partners als Zielfläche ganz zu deiner Verfügung hast.

- Wenn du ein Mann bist (oder du einen Umschnalldildo verwendest), ist auch der direkte Übergang zum Sex problemlos möglich.

- **Der Nachteil:** Ihr könnt euch dabei nicht in die Augen sehen.

Dein Partner stellt sich dicht an die Wand, auf die er seine Hände legt. Wenn du das Ganze für ihn ein wenig anstrengender machen möchtest, kannst du auch anordnen, dass er seine Hände stattdessen in seinem Nacken verschränkt.

- **Der Vorteil:** Du kannst vor, während oder nach dem Spanking den Körper deines Partners mit deinem eigenen gegen die Wand pressen und in ihn eindringen oder ihn befingern.

- **Der Nachteil:** Wände sind häufig kalt.

Dein Partner beugt sich nach vorn und stützt sich auf ein Möbelstück, also etwa einen Sessel, einen Schreibtisch oder eine Anrichte.

- **Die Vorteile:** Haut und Muskeln deines Partners sind gedehnt, sodass Schläge jetzt schmerzhafter sind. Dazu kommt, dass er weniger leicht als in einer aufrecht stehenden Position seine Pobacken zusammenkneifen kann, um sich gegen Schläge zu wappnen.

- Du kannst von oben nach unten zuschlagen, was dir einfache Bewegungen und den nötigen Freiraum zum Ausholen sichert.

- Dein Partner kann sich von seinem Körpergewicht entlasten, während er deine Schläge einsteckt.

- Dein Partner ist dazu gezwungen, dir seinen Unterkörper demonstrativ hinzuhalten, was ihn besonders schutzlos macht und was er – bei entsprechender Veranlagung – als besonders lustvoll-demütigend empfinden könnte.

- Wenn du eine sadistische Anwandlung hast, kannst du deinem Partner auch befehlen, sich auf die Zehenspitzen zu stellen, wobei du ihm besondere Fiesheiten als Strafe versprichst, wenn er seine Fersen auf den Fußboden sinken lässt: zum Beispiel, dass du mit der Zahl an Schlägen, die du dir vorgenommen hast, von vorn anfängst. Das ist besonders gemein, wenn dein Partner seine Füße sinken lässt, nachdem du ihm den letzten Schlag verabreicht hast, aber noch bevor du ihm erlaubt hast, diese Stellung zu verlassen.

- **Der Nachteil:** Ihr müsst vorher darauf achten, dass dein Partner seinen Körper im Eifer des Gefechts nicht gegen irgendwelche Ecken und Kanten presst, was Schmerzen hinterlassen könnte, auf die er gut verzichten kann.

Dein Partner beugt sich nach vorn und umfasst seine Fußknöchel mit seinen Händen.

- **Die Vorteile:** Dein Partner präsentiert dir sein Hinterteil in dieser Stellung besser als in jeder anderen. Das bietet alle Vorteile, die ich in diesem Zusammenhang bereits erwähnt habe: straffe Haut, Demütigung und freier Zugriff auf den Intimbereich.

- Auch hier kannst du das Spiel ein wenig verschärfen: Wenn dein Partner seine Knöchel loslässt, setzt es extra Schläge.

- **Die Nachteile:** Manche Menschen haben Schwierigkeiten damit, vornübergebeugt ihre Knöchel zu umfassen, ohne die Knie zu beugen. Andere entwickeln in dieser Haltung schnell einen gänzlich unerotischen Schmerz im unteren Rücken.

- Außerdem steigt bei einem männlichen Partner die Gefahr, dass dein Schlagsinstrument seine Hoden trifft, obwohl du das gar nicht vorhast. Um das zu verhindern, muss sein Partner ständig darauf achten, seine Schenkel geschlossen zu halten, was seine Position weniger stabil macht.

- Sobald du etwas heftiger zuschlägst, steigt für ihn die Gefahr, vornüberzukippen.

- Deinem Partner steigt das Blut zu Kopf, was zu Schwindel oder Kopfschmerzen führen kann.

Dein Partner beugt sich nach vorn und legt seine Hände auf seine Knie.

- Das ist sozusagen die entschärfte Variante der zuvor genannten Position. Sowohl die gerade genannten Vor- als auch Nachteile werden hier abgemildert. Wenn du deinem Partner in dieser Haltung befiehlst, an eine Stelle an der gegenüberliegenden Wand zu schauen, wozu er den Kopf heben muss, krümmt sich sein Rücken dabei so, dass das – je nach Körperbau deines Partners – erotisch sehr ansprechend aussehen kann.

Dein Partner beugt sich vor und du nimmst seinen Kopf zwischen deine mindestens kniehohen Stiefel.

- **Die Vorteile:** Diese Haltung ist demütigend und schränkt deinen Partner besonders stark in seiner Bewegungsfreiheit ein.
- Du gibst ihm automatisch die nötige Stabilität, damit er nicht zur Seite kippt.
- **Der Nachteil:** Die Gefahr von Rückenschmerzen, einem unbeabsichtigten Hodentreffer und Schwindel sowie Kopfschmerzen bleibt bestehen.

Du lässt deinen Partner auf alle viere gehen.

- **Der Vorteil:** Deine Schläge können bis hin zu den Fußsohlen andere Körperzonen als nur Po, Rücken und Oberschenkel treffen, was mehr Abwechslung verspricht. Hier bietet sich die Möglichkeit eines fließenden Übergangs zu Sex in der Hündchenstellung – oder zu Petgames, wie deinen Partner aus einem Napf fressen zu lassen.
- Echte Nachteile, die über individuelle Vor-

lieben und Abneigungen hinaus gehen, gibt es hier nicht.

Dein Partner geht auf die Knie.

- **Die Vorteile:** Auch hier kannst du dir bis auf die Waden und die Rück- sowie die Innenseite der Oberschenkel den gesamten Körper deines Partners vornehmen. Darüber hinaus kannst du deinen Fuß zwischen die Schenkel deines Partners bis hinauf zu seinem Schoß schieben – oder dich oral von ihm verwöhnen lassen.

- **Die Nachteile:** Manchen Menschen tun die Knie, wenn sie belastet werden, auf sehr unerotische Weise weh, sodass sie diese Haltung nicht lange durchhalten. In diesem Fall empfiehlt es sich, eine weiche Unterlage zu verwenden – oder seinen Partner nicht auf dem Boden, sondern zum Beispiel auf einem Sessel knien zu lassen. Dann fällt zwar die Möglichkeit zu Fuß- und Zungenspielen weg, aber dafür befindet sich der Hintern deines Partners in einer umso günstigeren Höhe für Schläge.

Dein Partner legt sich auf den Bauch.

- **Die Vorteile:** Diese Haltung ist bequem, was eine längere Session ermöglicht, zur Not sogar mit Unterbrechungen.

- Die Vorderseite deines Partners ist vor dem Wrap-around-Effekt geschützt.

- Wenn du deinem Partner beispielsweise eine Rolle unter die Hüfte schiebst, bietet er seinen Hintern noch mehr für deine Schläge an.

- **Der Nachteil:** Manche Menschen, die auf dem Bauch liegen, bäumen sich reflexartig auf, wenn sie von Schlägen getroffen werden, und werfen dabei auch ihren Kopf zurück. Im unglücklichsten Fall kann das zu einem Schleudertrauma führen. Wenn du feststellst, dass dein Partner zu solchen Reaktionen neigt, kannst du ihm befehlen, seine Hände im Nacken zu verschränken, während du ihn züchtigst. Du kannst seinen Kopf auch mit deiner freien Hand leicht belasten, damit er unten bleibt.

Dein Partner legt sich auf den Rücken.

- **Die Vorteile:** Hier bietet sich die Gelegenheit zu einem längeren Spiel, bei dem du dir vor allem die Frontpartien deines Partners vornimmst. Wenn du deinem Partner befiehlst, die Knie an die Brust zu ziehen, kann auch sein Hintern als Zielfläche dienen. Du kannst das unterstützen, indem du die Beine deines Partners festhältst, du kannst ihm hierfür aber auch ein Kissen unter den Hintern schieben. Blickkontakt mit deinem Partner zu halten ist problemlos möglich.

- Diese Position bietet ebenfalls keine echten Nachteile. Es ist eine Frage des persönlichen Geschmacks, ob sie einem zusagt.

Du setzt dich auf einen Stuhl oder Sessel und dein Partner mit dem Rücken zu dir auf deinen Schoß. Seine Beine umfassen deine. Er beugt sich nach vorn, bis er mit den Händen den Boden berührt.

- **Die Vorteile:** Bei dieser »Schubkarren-Position« sitzt du bequem, während du dir den Hintern deines Partners vornehmen kannst.

- Ist dein Partner weiblich, kannst du auch relativ einfach den Schoß befingern, der noch dazu deinem eigenen Schoß sehr nahe ist.

- **Die Nachteile:** Du kannst hierbei nicht weit ausholen und hast keinen Augenkontakt mit deinem Partner.

- Dein Partner wiederum muss sein Körpergewicht mit seinen Armen abstützen und das Blut steigt ihm in den Kopf, was beides gegen eine besonders lange Session spricht.

Die Fußsohlen und die Handflächen deines Partners berühren den Boden, während er seinen Hintern mit durchgestreckten Beinen und Armen in die Höhe reckt. Er sieht also aus wie der Buchstabe A ohne Querbalken.

- **Die Vorteile:** Diese Position ist besonders entwürdigend und wenn man darauf steht, entsprechend aufreizend.

- Du kannst deinen Partner zudem damit quälen, dass du immer wieder Korrekturen verlangst. (»Die Hüfte noch höher! Mehr nach links! Beine weiter auseinander!«) Wenn du ihn schließlich sogar auf Zehenspitzen balancieren lässt, kannst du ihn an seine Grenzen treiben.

- **Der Nachteil:** Diese Haltung ist so anstrengend, dass sich dein Partner nicht wirklich in den Genuss der Wahrnehmung deiner Schläge fallen lassen kann. Wenn er nicht wirklich unterwürfig ist, reagiert er womöglich eher entnervt als erregt. Insofern empfiehlt sich diese Stellung nur für eine kurze Lektion zwischendurch und ist nichts für Anfänger.

- Eine ähnlich anstrengende Position, bei der es mehr darum geht, deinen Partner durch den Zwang zum Durchhalten als durch die eigentlichen Schläge zu quälen, ist die Stellung, die man bei Liegestützen einnimmt. Hier musst du damit rechnen, dass dein Partner nach den ersten Schlägen schlicht umkippt. Wenn er aber sportlich ist und du ihn ein bisschen ins Schwitzen bringen möchtest, spricht nichts gegen einen Versuch. Du selbst kannst auf seinen Hintern und seinen Rücken jedenfalls ohne Mühe eindreschen.

Worauf solltest du achten, wenn du deinen Partner übers Knie legst?

Zu dieser Stellung gibt es ein wenig mehr zu sagen als zu den anderen, weshalb sie ein eigenes Kapitel verdient hat. Grundsätzlich sieht sie so aus: Du nimmst in einem Sessel oder auf einem Stuhl ohne Armlehnen Platz. Deine Knie sind geschlossen und deine Füße stehen beide fest auf dem Boden, sodass deine Beine das Gewicht deines Partners tragen können. Der legt sich jetzt mit dem Gesicht nach unten so über deine Beine, dass du mit deiner Schlaghand problemlos seinen Hintern treffen kannst, der auf einem deiner Oberschenkel aufliegt. Mit seinen Händen kann dein Partner die Beine des Stuhls umklammern, wenn er möchte.

Bevor du beginnst, deinem Partner eine Tracht Prügel zu erteilen, solltest du einen Moment innehalten, um nachzuspüren, ob ihr wirklich eine günstige Position gefunden habt, in der ihr es beide eine Zeit lang aushaltet. Wenn du schon von Anfang an deine Muskeln anspannen musst, ist das kein gutes Zeichen – auch nicht, wenn du befürchten musst, dass dir dein Partner gleich vom Schoß rutscht. Zieh ihn in diesem Fall noch näher an dich heran.

Denk daran, dass du dich in der dominanten Rolle absolut wohlfühlen solltest. Aber auch dein Partner sollte frei atmen können, nicht dein Knie in seinen Rippen spüren oder auf andere Weise ungewollt beeinträchtigt werden.

Du vergibst dir nichts, wenn du eure Stellung im Verlauf des Spankings immer wieder korrigierst, bis alles genauso ist, wie du es haben möchtest.

Es gibt zwei grundsätzliche Variationen dieser Stellung:

- Du sitzt nicht auf einem Stuhl, sondern auf einer Couch oder einem Bett, auf dem sich auch dein Partner ausstrecken kann. Dadurch verteilt sich sein Gewicht auf dieses Möbelstück, statt gänzlich auf deinen Schenkeln zu lasten.

- Dein Partner stellt sich zu Beginn zwischen deine Beine, die du dann schließt, sodass du die Beine deines Partners zwischen deinen eigenen gefangen hältst. Dadurch verhinderst du, dass dein Partner nach einem Schlag reflexhaft nach hinten austritt. Allerdings ist diese Stellung noch etwas schwieriger, vor allem wenn dein Partner größer ist als du.

Zwei wesentliche Vorteile der Position, bei der du deinen Partner übers Knie legst:

- Wenn dein Partner weiblich ist, hast du von hinten gute Sicht und guten Zugriff auf ihre Möse. Ist er männlich, kannst du ihn so ausrichten, dass sein Penis auf deinem Oberschenkel aufliegt, sodass du eine Erektion spürst.

- Wenn du den Hintern deines Partners mit der Hand versohlst, besteht kaum die Gefahr, dass du zu hart zuschlägst, weil eine Handfläche schmerzempfindlicher reagiert als ein Hintern.

Die beiden Nachteile dieser Position sind nicht erheblich:

- Wenn du ein Schlaginstrument verwenden möchtest, darf es nicht allzu groß sein. Eine Peitsche mit langen Striemen kommt nicht infrage.

- Wenn sich der Kopf deines Partners für längere Zeit niedriger als der Rest seines Körpers befindet, kann das zu Schwindelgefühlen oder Kopfschmerzen führen.

Alles in allem ist das aber eine Position, die sich für ein Spanking anbietet. Vermutlich gehört sie deshalb zu den bekanntesten Stellungen in diesem Bereich. Mit einigen Kunstgriffen kannst du deine Technik dabei noch weiter verbessern:

- Vor allem wenn du mit einem Schlaginstrument zuhaust, kannst du das empfindliche Steißbein deines Partners vor einem versehentlichen Treffer schützen, indem du deine freie Hand darauflegst.

- Falls du das nicht für nötig hältst, kannst du deinen freien Ellbogen zwischen die Schultern deines Partners setzen, um so zu unterbinden, dass sich sein Oberkörper nach jedem Schlag reflexhaft aufbäumt.

- Wenn du es schaffst, ohne dich anstrengen zu müssen oder euer Gleichgewicht zu riskieren, kannst du einen deiner Oberschenkel anheben, damit sich der Hintern deines Partners deiner Schlaghand noch mehr entgegenreckt.

- Wenn du nicht nur aus dem Armgelenk ausholst, sondern dabei deinen Oberkörper auch jeweils leicht zur Seite drehst, kannst du die Wucht deiner Schläge erhöhen.

- Um die Stimulation deines Partners zu verstärken und ihn nicht zu langweilen, kannst du die Art, wie du zuschlägst, hin und wieder verändern, zum Beispiel auch mal mit der hohlen Hand niederfahren. Das führt zu einem dumpferen statt dem bei dieser Praktik üblichen stechenden Schmerz. Wenn du deine Schlagbewegung leicht aufwärtsrichtest, wird der Schlag ebenfalls als etwas angenehmer empfunden. Du kannst deine Hand auch auf der getroffenen Stelle lassen und dann diese Stelle für ein bis zwei Sekunden kräftig reiben, was bei deinem Partner zu einem angenehmen Wärmegefühl führen dürfte. Generell kannst du zwischendurch die Pobacken deines Partners kneten oder ihn zärtliche Empfindungen spüren lassen, um für mehr Abwechslung zu sorgen.

- Wenn du am liebsten mit der Hand zuschlägst, kannst du verhindern, dass sie irgendwann anfängt, dir wehzutun, indem du entweder

Handschuhe trägst oder zwischendurch doch hin und wieder zu einem Schlaginstrument greifst, bis sich die Nerven deiner Handfläche wieder beruhigt haben.

- Wenn du eine Frau übers Knie legst, kannst du ihr zu Beginn einen Vibrator unter die Möse schieben. Mit jedem Schlag presst du die Lustzone deiner Partnerin von Neuem gegen den Vibrator. Die Erregung deiner Partnerin steigt und sie lernt noch mehr als ohnehin schon, deine Schläge unbewusst mit dieser Geilheit in Verbindung zu bringen. Mit etwas Glück wird sie bald nach neuen Schlägen gieren.

- Alternativ dazu kannst du ihr auch sogenannte »Lustkugeln« (Ben-wa-Kugeln) in die Möse schieben. Diese Sexspielzeuge bewegen sich in der Vagina, während du deine Partnerin züchtigst. In der Position, in der sich deine Partnerin befindet, dürften die Kugeln – wieder mit etwas Glück – vor allem jene Stelle an der Vorderseite stimulieren, die als der für sinnliche Berührungen besonders empfindliche G-Punkt bezeichnet wird. Wenn das gut funktioniert, kannst du deine Partnerin schon mit deinen Schlägen in die Nähe des Orgasmus bringen.

- Wenn du dir den Hintern deines Partners mit einem Paddle vornimmst, solltest du das nicht zu oft tun. Du kannst damit nämlich ein lederartiges Gefühl erzeugen, das für einige Stunden oder Tage anhält. Übertreibst du es mit solchen Spankings, geht dieses Gefühl gar nicht mehr weg. Der entstandene Nerven- und Hautschaden wird in der SM-Szene als »Lederpo« bezeichnet.

Was solltest du über die Verwendung eines Paddles wissen?

Und damit wären wir im nächsten Teil dieses Ratgebers angelangt: den typischerweise für ein Spanking eingesetzten Strafinstrumenten. Hier arbeiten wir uns vor von den ganz einfachen bis zu den immer schwerer zu handhabenden – und zugleich immer unangenehmeren – Instrumenten, also von der Anfänger- zur Fortgeschrittenen-Liga.

Insofern macht es Sinn, mit dem Paddle zu beginnen, das sich als eine Art Erweiterung deiner Hand für die ersten Schritte beim Spanking sehr anbietet. Hier braucht es keine Riesenliste von Tipps, fast alles an einem Paddle ist selbsterklärend.

Falls du noch gar nicht weißt, womit du es hier zu tun hast: Ein Paddle besteht aus einem Griff und einer Schlagfläche. Es kann unterschiedlich geformt sein, beispielsweise wie ein Tischtennisschläger oder ein Ruder oder eine Schuhsohle, und ist unterschiedlich flexibel.

Ein Paddle kann auch aus unterschiedlichen Materialien bestehen. Zu ihnen gehören vor allem echtes oder künstliches Leder einschließlich Velours, außerdem Plastik und Holz. Bei manchen Paddles ist die Schlagfläche mit Pelz besetzt. Diese bieten sich besonders an, wenn du sicherstellen möchtest, dass dein Partner beim Spanking allenfalls schwache Schmerzen spürt. Eine Nummer härter wird es, wenn du zu Leder übergehst, dann zu Holz und schließlich zu Plastik beziehungsweise Silikon. Wenn du beziehungsweise dein Partner es gern noch intensiver hätte, könnt ihr euch für ein Paddle mit Löchern entscheiden – sie bieten einen geringeren Luftwiderstand und treffen dadurch heftiger auf – oder sogar für ein Paddle, das mit Chrombeschlägen verziert ist. Je größer diese sind, desto schmerzhafter ist jeder Schlag.

Vielleicht findet ihr auch ein Paddle, das auf der einen Seite einen Pelzbesatz hat und auf der anderen mit Leder bespannt ist. Damit kannst du beim Spanking direkt nacheinander unterschiedliche Empfindungen erzeugen, ohne das Schlaginstrument wechseln zu müssen.

Zuletzt solltest du wissen, dass ein größeres Paddle weniger schmerzhaft ist als ein kleines, weil sich hierbei die Energie des Schlages besser verteilt.

Das ist eigentlich alles, was du beim Kauf eines Paddles wissen solltest. Ansonsten ist nur noch entscheidend, wie gut es dir in der Hand liegt. Wenn es zum Beispiel über einen winzigen Griff verfügt und du ständig Angst haben musst, dass es dir beim Spanking aus den Fingern rutscht, solltest du dich für ein anderes Exemplar entscheiden.

Sogar noch einfacher ist die Benutzung eines Paddles: Hierfür brauchst du überhaupt keine Vorkenntnisse. Um zu wissen, mit welchem Ende du zuschlägst, benötigst du kein Pfeildiagramm.

Viele SMer verwenden Paddle lediglich, um ihre Partner für das Spanking aufzuwärmen und eine starke Durchblutung der Haut zu erzeugen, bevor sie zu gemeineren Instrumenten übergehen.

Was solltest du über die Verwendung einer Reitgerte wissen?

Die geschickte Handhabung einer Reitgerte ist im Vergleich zu einem Paddle schon ein wenig schwieriger. Insbesondere wenn sie etwas länger und flexibel ist, kannst du damit nicht von Anfang an fröhlich zuhauen, indem du einfach einen geraden Schlag durchführst, sondern musst ihre Verwendung erst einmal lernen. Solange du das nicht beherrschst, besteht das Risiko, dass du deinem Partner viel mehr wehtust, als du eigentlich vorhattest.

Dafür bietet eine Gerte auch Vorteile, die ein Paddle nicht besitzt: Sobald du den Umgang mit einer Gerte beherrschst, kannst du damit eine größere Bandbreite von Empfindungen hervorrufen, insbesondere präzise an die gewünschte Stelle gesetzte, stechende Schmerzen. Anders als mit einem Paddle kannst du deinen Partner sogar aufreizen, wenn du die Spitze einer Gerte sanft über seine Haut ziehst. Und schließlich ist eine Gerte im Vergleich zum laut klatschenden Paddle auch relativ diskret. Wenn du deinen Partner knebelst oder er von sich aus still bleibt, kannst du damit sogar bei offenem Fenster spielen – und deinen Partner trotzdem an seine Grenzen treiben.

Praktisch ist auch, dass du nicht einmal einen Sexshop zu besuchen brauchst, um eine geeignete Gerte eigenhändig auszuwählen: In jedem Geschäft für Reitsportbedarf dürftest du mehrere Exemplare zur Auswahl finden. Dabei gilt die Faustregel: Je starrer und kürzer eine solche Gerte ausfällt, umso leichter wirst du sie handhaben können. Eine lange Gerte ist auch schwieriger einzusetzen, wenn ihr für eure Spiele nur wenig Platz zur Verfügung habt, und da sie nicht geknickt oder zusammengerollt werden kann, braucht sie auch ihre gesamte Länge als Raum zur Aufbewahrung. Der Vorteil einer langen und flexiblen Gerte besteht darin, dass du mit ihr größere Schmerzen hervorrufen kannst.

Um Schmerzen unterschiedlicher Intensität zu erzeugen, ist ein entscheidendes Kriterium darüber hinaus die Kraft, mit der du zuschlägst. Gerade bei einer Gerte macht das einen immensen Unterschied, was den erzeugten Effekt angeht. Wichtig ist auch, mit welchem Teil der Gerte du triffst. Für einen auf den Punkt gesetzten starken Schmerz lässt du nur die Spitze des Gertenendes auftreffen. Schwächer wird der Schmerz, wenn du mit dem vollen Gertenende zuschlägst – und noch schwächer, wenn du einen Teil des Gertenstocks auf deinen Partner treffen lässt. Allerdings sind Gerten für so etwas eigentlich nicht gebaut. Es kann gut sein, dass deine Gerte zerbricht, wenn du mit einem Teil ihres Stocks zu hart zuschlägst.

Die Heftigkeit, mit der du zuschlägst, spielt aber nicht nur eine Rolle in Bezug auf die damit ausgelösten Schmerzen, sondern auch im Hinblick auf die Spuren, die du damit hinterlässt. Solange du dich zügelst, verheilen die von dir erzeugten Striemen schnell. Du kannst auf der Haut deines Partners aber auch Blessuren hinterlassen, die noch Wochen später zu sehen sind. Das kann bei Schwimmbad- oder Arztbesuchen schon mal zu irritierten Blicken führen.

Schließlich eignet sich eine Gerte auch hervorragend, um damit allein auf psychologischer Ebene deine Macht zu demonstrieren. Während du zum Beispiel Hoden niemals kräftig mit einer Gerte behandeln solltest, kann ein leichtes Antippen der Hoden bei einem Mann schon ein Schauern hervorrufen, insbesondere wenn du es mit einem fiesen Lächeln begleitest und dein Partner gefesselt ist. Du könntest, wenn du wolltest, sagt eine solche spielerische Berührung aus …

»Reitgerten sind fantastisch geeignet, um dafür zu sorgen, dass ein unterwürfiger Partner nicht auf-

muckt«, berichtet die Domina Mistress Kay in ihren auf der Website *Kinkly* veröffentlichten Artikeln. Sie schlägt die Verwendung einer Reitgerte bei der Erziehung und Abrichtung eines Sklaven vor: *»Wenn der Gehorsam deines Partners zu leiden beginnt, sollte ein leichtes Antippen mit der Reitgerte ausreichen, um ihn wieder in die Spur zu bringen. Wie wäre es mit lustigen, spielerischen Aufgaben rund ums Haus? Fordere deinen Partner auf, eine Dose Suppe durchs Wohnzimmer zu rollen und dabei nur die Nase zu benutzen, während er auf Händen und Knien krabbelt. Ein leichtes Antippen mit der Gerte sorgt dafür, dass er merkt, dass es sich nicht um eine Lachnummer handelt.«* Mistress Kay erläutert: *»Im SM-Bereich werden Reitgerten regelmäßig als lustige Art der Bestrafung beim Vorspiel eingesetzt. Wenn dein Partner die Küche aufräumt und einen Fleck übersieht – wapp! Wenn er ein Fitnesstraining macht und schlecht in Form ist – wapp! Wenn er Oralsex liefert und nicht an der richtigen Stelle zugange ist – wapp!«*

Damit ist ein möglicher Einsatz einer Reitgerte treffend beschrieben.

Was solltest du über die Verwendung eines Floggers wissen?

Ein Flogger ist eine Peitsche mit in der Regel kurzem Stiel und mehreren Riemen, die meistens aus unterschiedlich hartem Leder, Seilen oder Plastik bestehen. Wenn du ein wenig suchst, findest du auch Flogger, deren Riemen aus sanfteren Materialien wie Samt oder härteren Materialien wie Metall bestehen. (Im Handel gibt es auch einen »Stacheldraht-Flogger«, für den allerdings kein echter Stacheldraht verwendet wurde, sondern Lederriemen, in die man Knoten und Gummistacheln eingearbeitet hat, sodass er sich besonders fies anfühlt.)

Als Anfänger solltest du dich eher für einen weichen Flogger mit Lederriemen entscheiden als für einen mit Riemen aus Seil, Plastik oder mit Metallkugeln und -spitzen. Angenehmer fühlen sich außerdem Flogger mit breiten Riemen an, während dünne Riemen einen fies stechenden Schmerz erzeugen. Auch gut biegsame Riemen und abgerundete Spitzen sorgen dafür, dass dein Partner nicht allzu sehr leiden muss.

Wenn du einen solchen Flogger benutzt und noch dazu nicht allzu viel Kraft aufwendest, kannst du deinen Partner damit sogar auspeitschen, ohne dass er überhaupt echte Schmerzen spürt. Es fühlt sich für ihn von der Intensität der Reize dann eher an wie eine Massage. Aus diesem Grund kannst du auch Brüste und Genitalien mit einem Flogger züchtigen.

Achte bei der Auswahl deines Floggers darauf, ob sein Griff gut in deiner Hand liegt. Wenn der Griff an seinem Ende sogar eine Verdickung aufweist, dann sinkt dadurch das Risiko, dass er dir im Eifer des Gefechts aus der Hand rutscht. Mit einem kurzen Griff kannst du zielsicherer zuschlagen als mit einem langen. Führe dann einen Probeschlag durch: Landen alle Schnüre an derselben Stelle oder fliegen sie in verschiedene Richtungen davon? Wenn Letzteres der Fall ist, handelt es sich womöglich um ein Billigprodukt und du solltest dich nach einem besseren Instrument umsehen.

Mit einem vernünftigen Flogger ist das Zuschlagen nicht schwer zu lernen. Vermutlich hast du nach einer Viertelstunde Übung schon den Bogen raus. Dabei dürftest du feststellen, dass nicht das Treffen deines Ziels etwas kniffliger ist, sondern dass sich die Riemen deines Floggers ineinander verwickeln können. Du musst dir also entweder eine Schlagtechnik aneignen, die das verhindert, oder den Flogger zwischen deinen Hieben immer wieder ausschütteln.

Für einen einfachen Schlag stellst du dich mit leicht gespreizten Beinen für einen festen Stand hinter deinen Partner, den Flogger locker im Griff deiner Hand, die du neben deinem Körper herabhängen lässt. Deine Körperhaltung ist aufrecht, aber entspannt. Jetzt schwingst du deinen Arm nach oben, wobei du deine Hand so drehst, dass deine Handfläche nach oben weist. Dann lässt du den Flogger auf den Rücken deines Partners niedersausen. Als Alternative dazu kannst du auch deinen Flogger mit ausgestrecktem Arm vor dich halten wie ein Zepter, seine Riemen mit deiner freien Hand in deine Richtung ziehen und dann plötzlich loslassen, sodass sie zum Beispiel zwischen die Schultern deines Partners klatschen. Du wirst schnell eine Schlagtechnik finden, die dir am besten liegt.

Wenn du deine angepeilte Zielfläche nicht getroffen hast, verändere deine Stellung, indem du deine Füße an einen anderen Ausgangspunkt bewegst. Es ist nicht sinnvoll, dass du dich nach vorn beugst oder deinen Oberkörper verdrehst. Bleibe so entspannt und locker wie möglich. Erstens bist du der Chef und solltest dich gut fühlen, zweitens ist es besser, kontrolliert zuzuschlagen, als sich dabei zu verrenken, und drittens ist es gut möglich, dass dir die Benutzung eines Floggers, auch wenn du alles richtig machst, anfangs ein wenig in die Schulter geht. Es gibt keinen Grund, das durch noch mehr Anspannung zu verstärken.

Dein Partner dürfte es schätzen, wenn du nicht vom ersten Moment eures Spiels an in die Vollen gehst. Beispielsweise kannst du die Schnüre des Floggers zunächst einmal nur sanft an seinem Rücken entlangziehen, sodass du lediglich leichte Schauer hervorrufst und sich dein Partner an die Berührung mit dem Material gewöhnen kann. Dann lässt du die Schnüre ganz leicht schwingen. Und schließlich beginnst du mit sanften Schlägen in einem langsamen, gleichbleibenden Rhythmus. Die Empfindungen, die du jetzt auslöst, dürften noch unter der Schwelle liegen, wo sie dein Partner als Schmerz wahrnimmt. Auf diese Weise kannst du selbst jemanden, der sich davor fürchtet, »ausgepeitscht« zu werden, Schritt für Schritt an solche Spiele heranführen.

Als Nächstes könntest du einmal damit experimentieren, dass du mit deiner Hand sofort wieder zurückschnellst, sobald oder sogar kurz bevor du den Rücken deines Partners getroffen hast, statt voll durchzuziehen. Mit dieser Technik sorgst du dafür, dass nur die Spitzen der Schnüre auf die Haut deines Partners treffen, was zu einem weniger angenehmen, stechenden Schmerzgefühl führt. Achte darauf, wie dein Partner reagiert, und entscheide dann, ob du ihm noch mehr Schläge von dieser Sorte verpassen möchtest.

Um die Behandlung deines Partners noch intensiver werden zu lassen, kannst du stärker zuschlagen, schneller zuschlagen und immer wieder die Stelle wechseln, die du triffst, sodass dein Partner keine Chance hat, sich darauf einzustellen, wo er als Nächstes Schmerzen spüren wird. Er kann sich nicht mehr an gleichbleibende Empfindungen gewöhnen, und du peitschst ihn emotional im wahrsten Sinne des Wortes immer weiter hoch.

Zuletzt lässt du deinen Partner allmählich wieder zur Ruhe kommen und kümmerst dich liebevoller um ihn, wobei du zum Sex übergehen kannst. Möglicherweise fällt dir jetzt auf, dass du mit dem Griff deines Floggers auch in deinen Partner eindringen kannst. Vielleicht möchtest du aber vorher ein Kondom darüberziehen.

Was die Aufbewahrung deines Floggers zwischen euren Spielen angeht, solltest du vor allem darauf achten, dass seine Schnüre gerade liegen oder gerade herabhängen können, damit das Material nicht knickt, was die Führung deines Floggers beeinträchtigen würde. Verschiedene Flogger, die beispielsweise auch bei Amazon angeboten werden, besitzen praktischerweise am Ende ihres Griffs eine Schlaufe, die du zum Aufhängen verwenden kannst. (Manche SMer verwenden allerdings ungern einen Flogger mit Schlaufe, weil sie sich dadurch bei seiner Verwendung gestört fühlen.)

Wenn du ein und denselben Flogger bei mehreren Menschen benutzt, solltest du nach jedem Flogging überprüfen, ob eine seiner Schnüre Blut gezogen hat. Ist das der Fall, lagere ihn vor seiner nächsten Verwendung mindestens eine Woche an einem warmen und trockenen Ort. Danach sollten sämtliche potenziellen AIDS- und Hepatitis-Viren abgestorben sein, und du kannst das Instrument wieder unbesorgt benutzen.

Was solltest du über die Verwendung eines Rohrstocks wissen?

Ein einfacher Stock, mit dem Lehrer früher sogar ihre Schüler bestraft haben: Was kann schon so schwierig am Umgang damit sein – erst recht, wenn man bereits weiß, welche Körperflächen man damit besser nicht treffen sollte? Besonders schwer zu handhaben scheint ein Rohrstock auch nicht. Man holt damit aus und schlägt zu: Gibt es dazu überhaupt noch mehr zu sagen?

Allerdings, denn Rohrstöcke gehören zu den tückischsten Strafinstrumenten beim Spanking. Du kannst damit schon bei geringem Kraftaufwand ausgesprochen schmerzhafte Blessuren erzeugen. Das macht einen Rohrstock bei vielen SM-Fans beliebt und gefürchtet zugleich – schon das bedrohliche Geräusch, mit dem er durch die Luft pfeift, kann Angst und damit verbunden absoluten Gehorsam erzeugen. Wer sich gern mit einem Rohrstock behandeln lässt, genießt entweder den Schmerz und den dadurch entstehenden Endorphinrausch, er lässt sich gern möglichst realistisch unterwerfen, weil er von so einem Gerät wirklich nicht getroffen werden möchte, oder er ist stolz auf länger sichtbare Spuren einer entsprechenden Züchtigung. Oft bleiben hier für längere Zeit Doppelstriemen oder sogar tiefe Blutergüsse zurück. Wenn man noch Anfänger beim Spanking ist, sollte man einen Rohrstock wegen des Schadens, den man damit anrichten kann, allerdings nicht unbedingt als erstes Übungsinstrument verwenden.

Um dich mit den Tücken eines Rohrstocks vertrauter zu machen, beginnen wir am besten wieder ganz am Anfang. Worauf solltest du achten, wenn du ein solches Exemplar kaufen möchtest?

- Das Wichtigste ist, dass du auch beim Kauf eines Rohrstocks seine Qualität überprüfst. Kaufe ihn also am besten nicht über irgendeinen Internet-Shop, ohne ihn je in der Hand gehabt zu haben.

- Ein Rohrstock aus Bambus ist für erotische Spiele ungeeignet, da er zu steif ist und Bambus leicht splittert, was zu bösartigen Verletzungen mit Narbenbildung führen kann. Geeigneter sind Stöcke aus spanischem Rohr, Thairohr oder Rattan. Stöcke aus Fiberglas sind flexibel und ziehen insofern ordentlich rein, aber genau deshalb sind sie eher für Fortgeschrittene geeignet.

- Für dich als Anfänger bietet sich eher ein kurzer, wenig flexibler Stock an. Erstens kannst du ihn besser handhaben und zweitens tut er weniger weh, weil sich seine Spitze nicht so schnell bewegt wie die eines langen Stockes.

- Der Stock sollte zwar biegsam, aber so gerade wie möglich sein und beim Schlagen auch in einer geraden Linie schwingen, statt unkontrolliert zur Seite wegzurutschen. Nur so kannst du sicher sein, dass du die Stelle triffst, die du treffen möchtest, und keine andere.

- Manche Rohrstöcke aus Rattan besitzen eine oder mehrere Schichten mit Lacküberzug, manche nicht. Rohrstöcke ohne Überzug sind heller und du kannst hier die für Rattan typischen Knoten besser erkennen. Sie hinterlassen einen grellen, scharfen Schmerz, während die Stöcke mit Überzug einen dumpfen Schmerz verursachen, der leichter zu ertragen ist.

- Außerdem hängt die Schmerzqualität vom Durchmesser eines Stocks ab. Je kleiner der Durchmesser, desto beißender wird dein Partner den Schmerz empfinden. Komm also nicht auf die Idee, du würdest ihn schonen, indem du einen leichten, dünnen Stock statt eines dicken Exemplars besorgst. Das Gegenteil ist der Fall: Bei einem dickeren Stock kann sich der Schmerz mehr verteilen, statt nur blitzartig auf eine bestimmte Stelle einzustechen.

- Es ist nicht verkehrt, wenn du einen solchen Stock erst einmal an deinem eigenen Oberschenkel ausprobierst, um überhaupt einschätzen zu können, was du deinem Partner mit einem Schlag zufügst.

Sobald du an deinem Partner disziplinarisch tätig wirst, hilft es dir, verschiedene Tipps und Ratschläge dafür zu kennen. Da dieses Buch in erster Linie an Anfänger gerichtet ist, setze ich dabei voraus, dass du deinem Partner möglichst *keinen* allzu schmerzhaften Schaden zufügen möchtest. Wenn ihr euch beide einvernehmlich für größere Schmerzen und beeindruckendere Blessuren entscheidet, könnt ihr die entsprechenden Ratschläge einfach in ihr Gegenteil verkehren:

- Solange du noch keine Erfahrung mit einem Rohrstock hast, empfiehlt es sich hier ganz besonders, ihn anfangs nur einzusetzen, wenn dein Partner noch bekleidet ist.

- Bleibe bei deinen ersten Schlägen so sanft wie

sinnvoll möglich. Achte dann auf die Rückmeldungen deines Partners. Orientiere dich daran, was die Heftigkeit weiterer Schläge angeht.

- Die Schmerzen, die du mit einem Rohrstock erzeugen kannst, hängen nicht nur von der Art des Stockes ab, sondern auch davon, wie du damit zuschlägst. Wenn du ihn blitzartig gegen deinen Partner sausen lässt und ihn schon zurückziehst, kaum dass seine Spitze überhaupt das Fleisch berührt hat, erzeugst du einen oberflächlichen, stechenden Schmerz. Der von dir verursachte Schmerz ist tiefgehender und zugleich dumpfer, wenn du den Stock nach dem Schlag an der getroffenen Stelle ruhen lässt. Der blitzartige scharfe Schmerz wird in der Regel als unangenehmer empfunden, weshalb diese Schlagtechnik eher für »Bestrafungen« geeignet ist, die ja wirklich unangenehm sein sollen. Die Technik, die zum dumpfen Schmerz führt, gehört eher zu Sessions, mit denen du deinen Partner entweder sexuell erregen oder in eine leichte Trance (»Subspace«) führen möchtest.

- Grundsätzlich führt jeder deiner Treffer zu Schmerzreaktionen, die nacheinander ablaufen: Erst ziehen sich die beeinträchtigten Nerven zusammen – dann dehnen sie sich wieder aus. Wenn du deinen Stock an der betroffenen Stelle belässt, kannst du diese Reaktion etwas verzögern. In jedem Fall – also unabhängig von der von dir gewählten Schlagtechnik – ist es sinnvoll, deinen Partner die volle Schmerzentfaltung spüren zu lassen. Erteile deine Schläge deshalb nicht in zu schneller Folge, denn damit würdest du diese Wahrnehmung ruinieren.

- Die Website *The Frugal Domme* beschreibt den geschilderten Prozess sehr anschaulich:

- *»Ein häufiger Fehler, den viele dominante Partner beim Schlagen mit dem Rohrstock machen, besteht darin, auszuholen und rasant loszudreschen. Mein Partner (auch erfahren in diesem Bereich) glaubt, dass es etwa vier bis sieben Sekunden dauert, einen Stockschlag zu verarbeiten. Es gibt eine Reihe von Empfindungen, die ablaufen, wenn ein Rattanstock trifft: Eine weiß* *glühende Linie. Ein Versinken des sengenden Gefühls in den Körper. Vibrationen im gesamten Anus oder in der Möse. Eine strahlende Wärme. Ein Gefühl der Hingabe, das die Wirbelsäule hinaufzieht. Wenn du dich zu schnell bewegst, schränkst du die Steigerung des Vergnügens ein, das nach einem Treffer entsteht.«*

- Wenn du dir zwischen den Schlägen mehrere Sekunden Zeit lässt, kannst du außerdem die sofort entstehenden Blessuren betrachten und sie als Orientierung nutzen, um deine Zielgenauigkeit zu verbessern.

- Bei Schlägen mit dem Rohrstock solltest du ganz besonders darauf achten, Abstand zum Steißbein deines Partners zu halten. Am besten berücksichtigst du diesen Aspekt schon, wenn du überlegst, welche Bahn dein Schlag nehmen soll. Falls dein Partner also etwa vor dir steht und dir seinen Hintern entgegenstreckt, gehst du eher auf Nummer sicher, wenn du den Rohrstock in einer Kurve von unten nach oben führst, als wenn du ihn von oben auf den Hintern deines Partners herabsausen lässt.

- Denke daran, dass du nur wenig Kraft benötigst, um mit einem Rohrstock intensive Empfindungen auszulösen. Benutze den Stock, als ob du Federball spielen würdest, nicht Tennis. Es genügt, wenn du aus dem Handgelenk heraus zuschlägst, du benötigst nicht deinen kompletten Arm. Manche SMer klemmen sich beim Schlagen sogar ein dickes Buch unter den Arm, um die Wucht ihres Schlages im Zaum zu halten. Wenn du das tust, verhinderst du damit sehr effektiv, dass du unwillkürlich Muskeln deiner Schulter und deines Oberarms einsetzt, wenn du deinen Partner züchtigst.

- Um beim Vergleich mit Federball zu bleiben: Rückhandschläge fallen in der Regel härter aus, also bespiele deinen Partner nur mit der Vorhand.

- Verteile deine Schläge gut, statt immer nur dieselbe Körperzone anzupeilen. Wenn du immer wieder auf dieselbe Stelle haust, erzeugst du damit besonders starke Schmerzen und lang anhaltende Blessuren. Das solltest du vermeiden, solange du und dein Partner Anfänger seid und ihr kaum einschätzen könnt, worauf ihr euch einlasst.

- Lass einen großen Teil des Stocks auf deinen Partner auftreffen statt nur die Spitze. Dadurch verteilst du die Energie deines Schlages mehr, statt sie an einem Punkt zu bündeln, was ebenfalls zu lang andauernden Blessuren führen kann.

- Du kannst die Körperzone deines Partners, auf die du es abgesehen hast, vor Beginn des Spankings mit einem Antibiotikum wie Bacitracin bestreichen. Damit unterbindest du nicht nur Infektionen, sondern verminderst auch den durch die Schläge entstehenden Schaden. Darüber hinaus ist das Bestreichen selbst eine zärtliche und liebevolle Aktion, die deinem Partner zeigt, dass dir sein Wohlergehen trotz allem Sadismus wichtig ist.

- Wenn du deinem Partner härter zusetzen möchtest, erhöhe aus Sicherheitsgründen lieber die Zahl deiner Schläge als die von dir aufgewendete Kraft.

Dieser Ratgeber enthält ein Kapitel darüber, wie du bei einem Spanking mithilfe von psychologischen Tricks und anderen Techniken intensivere Empfindungen hervorrufst, auch ohne deinem Partner die Seele aus dem Leib zu prügeln. Um eine dieser Techniken vorwegzunehmen: Nach der Behandlung mit einem Rohrstock ist die betroffene Stelle besonders empfindlich geworden. Das kannst du ausnutzen, indem du hier mit anderen SM-Spielchen, etwa dem Niedertropfen von heißem Kerzenwachs, weitermachst.

Anders als den Griff eines Floggers solltest du das Ende deines Rohrstocks, mit dem du deinen Partner gerade gezüchtigt hast, nicht verwenden, um damit in Körperöffnungen deines Partners einzudringen. Im Gegensatz zum Floggergriff hat dieses Ende womöglich Schweiß und Blut deines Partners aufgenommen, was im Inneren des Körpers nichts zu suchen hat. Abgesehen davon ist ein Rohrstock, anders als ein Floggergriff, auch schlicht zu dünn, um deinen Partner damit sonderlich zu beeindrucken.

Was die Aufbewahrung angeht, solltest du einen Rohrstock entweder komplett flach hinlegen oder ihn senkrecht aufhängen. Damit er nicht austrocknet, solltest du einen Stock, der keinen Lacküberzug besitzt, zudem alle paar Monate und insbesondere vor einem neuen Einsatz über Nacht in Salzwasser stecken. Dann saugen seine Fasern das Wasser auf, wodurch er stabiler und flexibler wird und weniger dazu neigt zu splittern. Allerdings wird er dadurch auch ein wenig schwerer und es besteht die Möglichkeit, dass etwas Salz auf der von dir getroffenen Körperzone landet, was den Schlag schmerzhafter macht. Manche SMer bewahren ihren Rohrstock auch einfach im Bad auf, wo das Instrument den heißen Wasserdampf aufnimmt und allein dadurch bruchfester wird.

Was solltest du über die Verwendung einer Peitsche wissen?

Schon wenn du eine Peitsche optisch und akustisch präsentierst, stellt sie das pure Symbol deiner Macht dar. Sie dann auch noch gekonnt einzusetzen, gehört zu den Königsdisziplinen beim Spanking: Wenn du sie beherrschst, kannst du deinem Partner damit ebenso gezielt wie dosiert genau die Schmerzen und Zeichnungen seiner Haut zufügen, die du erzeugen möchtest. Zwischen einem kaum spürbaren Biss und glühender Pein ist alles drin. Bis du allerdings so weit bist, ist es ein langer Weg der Übung.

Beginnen wir auch hier mit der Frage, für welches Exemplar du dich überhaupt entscheiden möchtest. Schon weil Peitschenriemen aus ganz unterschiedlichen Materialien gefertigt werden, hast du hier eine große Auswahl. Die Länge und die Zahl der Peitschenschnüre sind weitere Kriterien, die einen großen Unterschied machen können.

Am harmlosesten sind die sogenannten Showpeitschen, die über weiche und besonders breite Lederriemen oder sogar nur Schnüre aus Stoff verfügen. Damit kannst du zwar eindrucksvoll knallende Geräusche erzeugen und bei deinem Partner zunächst ein wenig Respekt hervorrufen. Sie tun aber wegen ihres Materials und weil sich bei breiten Riemen die Wucht des Schlages stark verteilt, in Wirklichkeit kaum weh.

Ein Treffer mit einer Rosshaarpeitsche kann zwar schmerzhaft sein, sie hinterlässt aber immerhin keine blutigen Striemen, weil sie lediglich die Oberfläche der Haut aufreißt. Eine solche Peitsche käme für dich infrage, wenn es dir oder deinem Partner wichtig ist, dass man seinem Rücken nicht so leicht ansieht, was dein Partner in seiner Freizeit so treibt.

Einen Schritt weiter gehst du mit einer sogenannten »Snake«, also einer einriemigen, komplett durchgeflochtenen Peitsche. Manchmal sind in ihre Schnüre kleine Bleikugeln eingearbeitet, um ihr einen guten Lauf zu geben.

Eine Lederpeitsche ist das wohl häufigste dieser Strafinstrumente. Hier hält sich der Schmerz in einem Rahmen, mit dem viele gut zurechtkommen. Je dünner die Riemen dieser Peitsche sind, desto schmerzhafter sind sie auch. Wenn du nach einem wirkungsvolleren Material suchst, solltest du dich nach Peitschen aus Latex oder Delrin umschauen, die deinem Partner ganz schön zusetzen können. Dasselbe gilt für Peitschen, in deren Riemen Knoten angebracht oder deren Enden mit Gewichten beschwert sind. Du kannst die Wirkung einer einfachen Lederpeitsche aber auch erhöhen, indem du ihre Riemen in Wasser tauchst, kurz bevor du dir deinen Partner damit vornimmst. Durch diese Behandlung ziehen sich die Riemen zusammen und werden härter.

Abraten würde ich dir als Anfänger ganz klar von einer Bullenpeitsche, wie sie Indiana Jones im Film benutzt. Sie sieht mit ihren langen Riemen zwar besonders eindrucksvoll aus und kann einen Menschen, bei dem sie eingesetzt werden soll, in Angst und Schrecken versetzen. Allerdings führt eben die Länge ihrer Riemen dazu, dass man damit nur schwer trifft – dafür sind diese Treffer extrem schmerzhaft. Hier besteht eine erhebliche Gefahr, dass du deinem Partner unabsichtlich Verletzungen zufügst. Selbst so manche erfahrene SMer verzichten lieber auf den Umgang mit dieser Peitsche. Falls du deinem Partner den Einsatz einer solchen Peitsche vorschlägst, ist es gut möglich, dass du ihn damit dauerhaft verschreckst, was Spiele mit dir angeht.

Allerdings solltest du den Umgang nicht nur mit diesem Monster, sondern grundsätzlich mit jeder Peitsche so gründlich lernen, dass du genau kontrollieren kannst, wo ihre Riemen landen. Andernfalls können schon beim Auspeitschen des Rückens ganz unterschiedliche Dinge passieren, von denen keines erfreulich ist: Deine Peitschenriemen wickeln sich um den Arm deines Partners und reißen dort Haut ab, wenn du sie zurückziehst. Die Spitze eines Riemens fährt um den Kopf deines Partners herum und trifft ihn ins Auge. Die Spitze verfängt sich in einem Ohrring, den dein Partner trägt, und reißt ihn brutal heraus. Weitere Szenarien dieser Art sind denkbar.

Auf folgende Dinge kannst du achten, wenn du den Umgang mit so einem Strafinstrument übst:

- Es besteht immer das Risiko, dass dich die Riemen einer Peitsche selbst treffen – je länger sie sind, desto eher. Am besten ist es also, du trägst einen Schutz vor allem für deine Augen, eine stabile Kopfbedeckung und dicke Kleidung mit langen Ärmeln.

- Stelle sicher, dass sich in einem Umkreis, dessen Radius der Länge deiner Peitschenriemen entspricht, niemand und nichts befindet, das du unbeabsichtigt treffen könntest.

- An der Stelle, wo du übst, sollten sich auf dem Fußboden keine Objekte befinden, die zu Geschossen werden können, wenn sie von einem Schlag erwischt werden.

- Jeder Schlag sollte die Riemen der Peitsche von deinem Körper wegbewegen. Vermeide ruckartige Bewegungen mit dem Peitschengriff, die diese Riemen in deine Richtung zurückschnellen lassen.

Wenn du das alles berücksichtigst, kannst du deine Finesse durch die verschiedensten Übungen verbessern, beispielsweise indem du die Spitzen der Peitschenriemen bestimmte Punkte treffen lässt, damit Zeitungsseiten durchschlägst oder sie zielsicher zwischen zwei nebeneinanderstehenden Möbelstücken hindurchsausen lässt.

Auf folgende Dinge solltest du achten, wenn es um das Sauberhalten und die Pflege deiner Peitsche geht:

- Lege sie nicht auf den Fußboden, wo Dreck an die Riemen gelangen kann.

- Wasche sie vor jeder neuen Benutzung.

- Lass eine Lederpeitsche nach dem Waschen ausgestreckt (also hängend oder liegend) trocknen, ohne sie einer direkten Wärmequelle auszusetzen. Hitze und Sonnenlicht schaden dem Leder. Das Trocknen kann insofern mehrere Tage dauern.

- Wenn du eine Lederpeitsche mit zusammengerollten Riemen verstaust, dann biege die Riemen in die Richtung, in die sie sich ohnehin leicht biegen.

Für das Auspeitschen deines Partners schließlich können folgende Tipps hilfreich sein:

- Stelle dich so hin, dass du ihn ohne Mühe, also etwa ohne dich vorbeugen zu müssen, erreichen kannst.

- Gehe eher das Risiko ein, deinen Partner mit einem Schlag zu verfehlen, als eine Stelle zu treffen, die du nicht treffen möchtest (zum Beispiel, weil Verletzungsgefahr besteht). Du machst dich nicht zum Affen, wenn deine Peitsche nur durch die Luft saust. Im Gegenteil: Du verstärkst so die Anspannung – und damit letztlich die wachsende Erregung – deines Partners.

- Stelle sicher, dass dein Partner genug zu trinken bekommt, wenn er Durst hat. Ausgepeitscht zu werden, kann einen Menschen stark ins Schwitzen bringen.

- Gerade Anfänger können bei der Verwendung einer Peitsche leicht Probleme entwickeln, die den Symptomen eines Tennisarms ähneln. Dagegen helfen Dehn-, Kräftigungs- und Aufwärmübungen, wie sie auch beim Tennis- und Golfarm empfohlen werden. Solltest du solche Schmerzen entwickeln, kannst du dich leicht online über Behandlungsmöglichkeiten informieren. Grundsätzlich ist es sinnvoll, wenn du deine Schlagtechnik hin und wieder wechselst, statt immer dieselbe Bewegung durchzuführen.

Welche Gegenstände aus deinem Alltag kannst du zum Spanking benutzen?

Wenn du zum Beispiel nur einmal ins Spanking hineinschnuppern möchtest, um herauszufinden, ob das überhaupt etwas für dich ist, brachst du dir nicht unbedingt das nötige Zubehör aus dem Erotik-Fachhandel zu besorgen. Dafür stehen dir auch die sogenannten »Pervertibles« zur Verfügung: Haushaltsgegenstände und andere Objekte aus dem täglichen Leben, die du einem neuen lustvoll-spielerischen Zweck zuführen kannst.

Solche Gegenstände haben noch weitere Vorteile: Du kannst sie überall herumliegen lassen, ohne dass ein überraschender Besucher über dein Intimleben und deine erotischen Vorlieben Bescheid weiß. Wenn immer der Blick deines Partners jedoch auf den entsprechenden Gegenstand fällt, wird er sich daran erinnern, wie sehr du ihm damit zugesetzt hast – und er kommt vielleicht schnell wieder in die entsprechende Stimmung.

Zu solchen fürs Spanking geeigneten Gegenständen, die man in den meisten Wohnungen findet, gehören Kochlöffel, Lineale, Schuhlöffel, Pfannenwender, Haarbürsten, Rückenschrubber, Teppichklopfer, Hausschuhe und Tischtennisschläger. Selbst einen Gummischlauch kannst du benutzen – und sogar ein Handtuch, wenn du es vor seinem Einsatz nass machst. Du solltest es allerdings mit der Verwendung dieser Dinge nicht übertreiben. Da sie zumeist recht hart sind, können sie an der Haut deines Partners sonst dauerhaften Schaden anrichten.

Schauen wir uns mal ein paar Gegenstände genauer an, was ihre Verwendbarkeit für SM-Spiele angeht:

- Wenn du deinen Partner mit einem Ledergürtel züchtigst, solltest du aufpassen, dass du ihn nicht mit der Schnalle triffst. Behalte sie deshalb am besten in der Hand und schlage entweder mit zwei übereinandergelegten Gürtelenden zu oder rolle einen Großteil des Gürtels um deine Hand, sodass du eine brauchbare Lederpeitsche hast.

- Ein Teppichklopfer, der nur mit wenig Kraft auf einen bekleideten Hintern niedersaust, ist nicht sonderlich schmerzhaft. Prügelst du hingegen mit demselben Teppichklopfer kräftig auf einen nackten Hintern ein, kannst du ordentliche Blessuren erzeugen.

- Dem SM-Experten Jay Wiseman zufolge stellt ein zusammengerollter Kopfkissenbezug eine exzellente Peitsche für Anfänger dar. Damit können auch Neulinge die psychologische Erfahrung des Auspeitschens erleben, ohne dass es gleich allzu schmerzhaft wird. Auch das Risiko von Verletzungen ist minimal. Du kannst auf diese Weise prima lernen, wie du gezielter triffst.

- Aus den Zweigen von Weiden und Haselnussbäumen kannst du wunderbare Ruten herstellen. Für ihre Verwendbarkeit gelten weitgehend dieselben Richtlinien wie für Rohrstöcke. Manche Spanking-Freunde fertigen auch gern ein Bündel aus Birkenzweigen an. Damit gezüchtigt zu werden, tut anfangs nicht besonders weh, aber nach einer Reihe von Schlägen wird es wirklich unangenehm – vor allem wenn du erneut die entstandenen Striemen und Kratzer triffst. Allerdings solltest du die Zweige vor ihrer Verwendung waschen, damit in die erwähnten Hautaufschürfungen kein Schmutz und kein winziges Getier eindringen kann. Am besten sind frische Birkenzweige, aber du kannst sie auch bei dir lagern, solange du sie ähnlich wie Rohrstöcke vor ihrem Einsatz in Salzwasser legst, damit sie nicht so leicht splittern.

Mit welchen Maßnahmen kannst du eine Züchtigung verschärfen?

Wenn ihr eure ersten Erfahrungen gesammelt habt, sucht ihr vielleicht nach neuen Wegen, um ein solches Spiel emotional intensiver zu gestalten. Statt einfach fester zuzudreschen, steht dir für deine sadistischen Anwandlungen ein ganzes Spektrum von Techniken zur Verfügung.

Einige psychologische Tricks, wie du die Bestrafung deines Partners wirkungsvoller machen kannst, ohne bleibende körperliche Schäden zu riskieren, listet die SM-Expertin Lorelei Sharkey in ihrem

»Mistress Manual« auf. Für diesen Ratgeber habe ich ihre Vorschläge leicht ergänzt und erweitert:

- Wenn du das Spanking durchführst, um deinen »Sklaven« für ein Fehlverhalten zu bestrafen, kannst du ihn als Erstes zu einem Schuldgeständnis bringen, indem du ihn fragst: »Was war dein Fehler?« Wenn er selbst schildern muss, was er falsch gemacht hat, ist das ein effektiver Beginn einer Demütigung. Einen Schritt weiter gehst du, wenn du deinem Partner befiehlst, einen Aufsatz zu schreiben, in dem er berichtet, was er getan hat und warum er dafür eine Strafe verdient hat.

- Du kannst deinem Partner die Gelegenheit geben, sich angemessen bei dir zu entschuldigen – auf Knien natürlich. Er hat dich um Verzeihung zu bitten und muss versichern, dass ein solches Verhalten nie wieder vorkommt. Mach ihm klar, dass die Überzeugungskraft seiner Entschuldigung Einfluss darauf hat, wie streng du ihn bestrafen wirst. Das wirkt vor allem bei Menschen, die eigentlich nicht besonders auf Schmerzen stehen.

- Insbesondere wenn dein Partner aufmüpfig ist, kann es psychologisch sinnvoll sein, wenn du ihm befiehlst, um seine Bestrafung zu bitten: »Ich weiß, dass ich mich falsch verhalten habe. Bitte bestrafe mich, damit ich das so schnell nicht wieder tue.«

- Ein wenig fies ist es auch, deinen Partner zwischen zwei besonders unangenehmen Strafen wählen zu lassen. Während er seine Strafe erleidet, wird ihm klar sein, dass er sie sich selbst »ausgesucht« hat.

- Du kannst deinen Partner auch ein wenig auf seine Strafe warten lassen und ihm währenddessen genüsslich schildern, wie furchtbar sie sein wird: »Du wirst eine Woche lang nicht richtig sitzen können, das verspreche ich dir.« Zu diesem Zweck kannst du auch einen festen Zeitpunkt ansetzen, zu dem dein Partner sich bei dir für seine Bestrafung zu melden hat.

- Du kannst deinen Partner auch unmittelbar vor der Strafe in einen Raum sperren, ihm befehlen, sich in eine Ecke zu knien, oder ihn fesseln. Ziel ist es in jedem dieser Fälle, dass sich dein Partner durch nichts von dem ablenken kann, was ihm gleich blüht.

- Wenn du dir deinen Partner vornimmst, kannst du die Wirkung des von dir erteilten Spankings durch plastische, übertriebene Schilderungen verstärken, etwa indem du den Zustand des von dir behandelten Hinterns oder Rückens viel verheerender beschreibst, als er tatsächlich ist.

- Falls du deinen Partner erst nach seinem Orgasmus übers Knie legst, wird er dies als besonders unangenehm empfinden, weil er dann nicht mehr in sein Lustempfinden flüchten kann.

- Besonders unangenehm können Bestrafungen sein, wenn sie vor den Augen Dritter stattfinden. Wenn dir das zu heikel ist oder ihr in eurem Bekanntenkreis niemanden habt, der sich als Zeuge zur Verfügung stellen möchte, ist es vielleicht machbar, dass dein Partner nach der Bestrafung einem Außenstehenden davon berichten muss. Idealerweise sollte dieser Außenstehende allerdings dazu eingewilligt haben. Ungefragt andere Menschen mit Details aus dem eigenen Intimleben zu versorgen, gilt als unfein.

- Du kannst ein Spanking auch mit Demütigungen verbinden, wenn du deinem Partner befiehlst, deine Stiefel (oder die eines Komplizen) mit der Zunge zu reinigen, während du ihn dir vornimmst.

- Nachdem du deinen Partner ohnehin emotional mürbe gemacht hast, kannst du ihn zu Geständnissen weiterer Schandtaten auffordern. Schau doch mal, was du hier noch alles erfährst.

- Schließlich möchtest du deinen Partner vielleicht fragen, ob er genug hat. Sollte er das bejahen, kannst du ihm lachend mitteilen, dass du darüber entscheiden wirst, wann Schluss ist, und frohgemut weitermachen. (Vergiss aber nicht, dass er die Angelegenheit trotzdem jederzeit beenden kann, falls seine Grenzen tatsächlich erreicht sind.)

- Ein tückisches Verfahren der emotionalen und zugleich körperlichen Schikane sind sogenannte Zwickmühlenspiele. Hierbei ist dein Partner zwischen zwei als gleichermaßen unangenehm empfundenen Übeln gefangen. Beispielsweise könntest du Brennnesseln vor dem Schoß deines stehenden, unbekleideten Partners anbringen, woraufhin du ihm heftig den Hintern peitschst. Dein Partner könnte die Härte der Schläge durch Bewegungen nach vorn abmildern, kommt dabei aber unweigerlich mit den Nesseln in Kontakt. Alternativ kannst du einen mit Nadeln gespickten Wachsklumpen so vom Hals deines Partners herabbaumeln lassen, dass dieser Klumpen bei jeder stärkeren Bewegung deines Partners vor- und zurückpendelt und dabei auf seine empfindliche Brust trifft.

Weitere Maßnahmen, die ein Spanking verschärfen können, sehen so aus:

- Bevor du deine Schlaginstrumente einsetzt, machst du damit ein wenig Lärm, um deinem Partner zu demonstrieren, was auf ihn zukommt.

- Du lässt deinen Partner sein Strafinstrument selbst anfertigen, beispielsweise Birkenzweige besorgen, die garantiert ordentlich reinziehen.

- Du legst zu Beginn eine Anzahl von Schlägen fest und dein Partner hat jeden davon mitzuzählen. Falls er sich verzählt, beginnt das Spanking von vorn.

- Dein Partner hat dir für jeden Schlag zu danken – und ausführlich noch einmal nach dem Ende der Bestrafung.

- Dein Partner hat sich vor seiner Bestrafung in einer demütigenden Form zu verkleiden, also etwa als Dienstmädchen oder als Hure.

- Du weist deinen Partner an, vor dem Spanking ein Bad zu nehmen und sich allenfalls oberflächlich abzutrocknen. Schläge auf nasser Haut fallen um einiges schmerzhafter aus.

- Gibt es Worte, die für deinen Partner emotional besonders aufgeladen sind, beispielsweise »unartig« oder »Schlappschwanz«? Finde das heraus, indem du deinen Partner nach entsprechenden Fantasien fragst. Verwende solche Worte dann bei seiner Züchtigung.

- Dein Partner hat sich für das Spanking in eine für ihn besonders ungünstige Position zu begeben, beispielsweise muss er seine Hände auf seinen Kopf legen. Dadurch stellt er sich besonders bloß und präsentiert sich betont schutzlos.

- Du kannst das Spanking auch mit fiesen Fesselungen verbinden: etwa indem du deinem Partner, der auf dem Boden liegt, Arme und Beine hinter dem Rücken zusammenbindest und dann deine Peitsche zum Einsatz bringst. Wenn du nur halbwegs eine sadistische Ader besitzt, ist das hilflose Gezappel, mit dem dein Partner deinen Schlägen zu entgehen versucht, ein anregender Anblick.

Was spricht dafür, deinen Partner öfter mal zwischendurch zu verdreschen?

Zugegeben, der Titel dieses Kapitels klingt einigermaßen skurril. Dahinter verbirgt sich ein Konzept, das bei Spanking-Freunden als »maintenance spanking« bekannt ist. Das Wort »maintenance« bedeutet so viel wie »Pflege, Wartung und Instandhaltung«. Es wird meistens in Verbindung mit Autos und Wohnungen benutzt, aber manche Frauen erhalten auch das Etikett »high maintenance«, wenn man sich ständig um sie kümmern und sie umhätscheln muss, damit sie nicht schmollen oder herumzicken.

In ähnlicher Weise gibt es masochistische oder unterwürfige Menschen, die hin und wieder ein Spanking benötigen, um emotional in der Spur zu bleiben. Den psychologischen Gewinn, den sie aus einer solchen Behandlung ziehen, habe ich ja schon im ersten Kapitel dieses Buches erklärt. Solche Menschen finden vor allem in Stressphasen schlecht zur inneren Ruhe, ohne die intensiven körperlichen Reize zu erfahren, die mit einem Spanking verbunden sind. Dieses Spanking ist für sie das, was für andere Menschen Sport, Yoga oder ein Saunabesuch darstellen kann: Sie empfinden es körperlich und seelisch als reinigend und es macht ihren Kopf frei. Danach sind sie eher in der Lage, darüber zu sprechen, was sie innerlich beschäftigt. Wenn die nervliche Belastung besonders akut ist und sie eine Züchtigung besonders nötig haben, wird in der SM-Szene auch der Ausdruck »emergency spanking« verwendet.

Wenn dein Partner das Gefühl hat, eine solche Behandlung zu brauchen, kann er dich einfach darum bitten. Ihr könnt aber auch bestimmte Signale dafür vereinbaren. Je länger ihr das macht, desto eher wirst du selbst merken, dass es mal wieder an der Zeit ist, deinen Partner übers Knie zu legen.

Bei einer anderen Form des »maintenance spanking« habt ihr miteinander vereinbart, dass du deinen Partner entweder zu fest vereinbarten Zeitpunkten (etwa jeden Freitagabend) oder immer, wenn dir danach ist, züchtigen darfst. Hier dient die häufige Tracht Prügel vor allem dazu, das Machtgefälle in eurer Beziehung deutlich zu machen und deinem Partner so oft wie möglich vor Augen zu führen, dass er dir unterworfen ist. So wird etwa auch die Titelheldin in dem SM-Klassiker »Die Geschichte der O« täglich ausgepeitscht – nicht als Bestrafung, sondern um sie daran zu erinnern, dass sie eine Sklavin ist und was das bedeutet. In solchen Arrangements gehört das Spanking schlicht zur Erziehung deines Partners.

Worauf solltest du achten, wenn du dich selbst verhauen lässt?

Nachdem fast dieser gesamte Ratgeber an den dominanten Partner in einer SM-Beziehung gerichtet ist, soll sich wenigstens dieses Kapitel darum drehen, was du in der unterwürfigen Rolle tun kannst, damit aus dieser Sache eine so lustvolle Erfahrung wie möglich wird. Vielleicht wunderst du dich, dass es hier überhaupt etwas gibt, nachdem dir die Schläge doch von deinem Partner erteilt werden und du sie lediglich passiv erleidest. Ein paar Dinge aber gibt es, mit denen du auch deinem Anteil gerecht werden kannst:

- Übe wenn möglich schon vorab das Halten der Positionen, die dein Partner dich beim Spanking einnehmen lässt, insbesondere wenn es etwas anstrengendere Stellungen sind.

- Nimm vor dem Spanking allenfalls wenig Alkohol und keine anderen Drogen zu dir. Du solltest so bewusst wie möglich erleben, was mit dir passiert.

- Wenn du das Risiko bleibender Spuren auf deinem Körper senken möchtest, hilft es, wenn du am Tag vor dem Spiel außer auf Alkohol auch auf Aspirin, Ibuprofen und andere entzündungshemmende Medikamente verzichtest.

- Teile deinem Partner vor euren Spielen offen mit, wie es dir körperlich und seelisch gerade geht, sodass er sich guten Gewissens daran orientieren kann.

- Während des Spankings selbst kannst du die Schmerzen am besten bewältigen, wenn du tief ein- und ausatmest. Solange ihr nicht in einer hellhörigen Wohnung zugange seid, kannst du auch laut stöhnen oder schreien, um den Schmerz freizulassen. Es ist zudem hilfreich, wenn du deine Muskeln so sehr entspannst, wie du es in dieser Situation schaffst. Angespannte Muskeln verstärken den Schmerz.

- Wenn du während des Spankings feststellst, dass dir schwindelig oder übel wird oder du unkontrolliert zu zittern beginnst, benutze dein Safeword und informiere deinen Partner darüber.

- Wenn du während des Spankings feststellst, dass dein Partner sich allzu unbeholfen anstellt – also seine Schläge etwa ständig danebengehen oder er mehrfach Körperzonen trifft, die aus guten Gründen tabu sind – brich das Spiel ebenfalls ab. Es ist keinem von euch beiden geholfen, wenn dein Partner dich versehentlich verletzt – im Gegenteil: Abgesehen von den gesundheitlichen Gefahren kann es euch den Spaß am Spanking auf Dauer verleiden. Sage deinem Partner, wenn du möchtest, dass du ihm gern wieder zur Verfügung stehst, sobald er seine Zielgenauigkeit an Gegenständen besser trainiert hat.

- Wenn das Spanking gut verläuft und dein Partner schließlich mit seinen Schlägen innehält, bitte ihn ruhig um mehr, solange du das sichere Gefühl hast, das gut wegstecken zu können. Damit erweist du dich als wohlerzogener Sklave und zeigst deinem Partner, dass dir das Spiel auch Vergnügen bereitet.

- Es ist gut möglich, dass ein Spanking dich wegen der dadurch ausgelösten Endorphinschübe in ein rauschartiges Hochgefühl bringt. Deshalb solltest du nicht sofort danach am Straßenverkehr teilnehmen. Generell wäre es schade, wenn du dieses Gefühl unterbindest, indem du sofort in deinen Alltag zurückkehrst, statt diesem Gefühl nachzuspüren und es zu genießen.

Wie behandelt ihr die entstandenen Blessuren?

Sichtbare Blessuren können nach Spanking-Spielen entweder sofort entstehen oder sich erst nach ein bis zwei Tagen zeigen. Letzteres ist vor allem dann der Fall, wenn es zu Blutungen im Gewebe unter der Hautoberfläche gekommen ist. Man ahnt nichts Böses, nimmt vielleicht ein heißes Bad oder eine Dusche, und plötzlich sieht man auf seiner Haut blaue Flecke, die erst nach Tagen oder gar Wochen verschwinden. In der Regel sind sie allerdings kein Grund zur Sorge. Die meisten Blutergüsse, Striemen und Abschürfungen verschwinden nach einigen Tagen von selbst.

Ansonsten lässt sich zur Behandlung der Folgen von Spankings Folgendes sagen:

- Wenn du deinen Partner zu Beginn des Spankings mit leichten Schlägen aufwärmst, trägt das auch zur Verhinderung solcher sichtbarer Erinnerungen bei.

- Grundsätzlich solltet ihr lediglich solche Verletzungen eigenhändig behandeln, die nur oberflächlicher Natur sind. Bei allem, was kritischer aussieht, fragt ihr besser einen Arzt um fachmännischen Rat.

- Bei Peitschenstriemen und kleinen Schwellungen dürfte es genügen, in den folgenden Stunden immer wieder Eis aufzulegen, wobei eine Umhüllung (etwa ein Plastikbeutel) verhindert, dass das Eis in direkten Kontakt mit der Haut gerät. Idealerweise legst du deinem Partner das Eis eine Viertelstunde lang auf, lässt seine Haut dann zehn Minuten lang erwärmen und legst das Eis dann erneut auf. Wiederhole das mehrere Male und wechsle am nächsten Tag zur Wärmebehandlung mit einem Heizkissen oder einem warmen Waschlappen. Statt auf einen Eisbeutel kannst du auch auf einen Kälte-Akku oder auf Eisspray zurückgreifen. (All das kann dein Partner auch in die eigene Hand nehmen.)

- Auch wenn du deinen Partner sanft massierst, kannst du das Zurückgehen eines blauen

Flecks begünstigen. Ähnliches gilt für abwechselnd kalte und warme Duschen.

- Viele SMer haben mit Arnikasalbe gute Erfahrungen gemacht. Arnika wirkt abschwellend und schmerzlindernd. Auch Präparate, die Heparin, Hirudin oder Zink enthalten, sollen hilfreich sein.

- Dein Partner sollte die betroffene Körperstelle möglichst ruhig halten.

- Sollte er eine blutende Wunde erlitten haben, ist es sinnvoll, den verletzten Arm beziehungsweise das verletzte Bein hochzuhalten, einen Druckverband aus einem sauberen, keimfreien Material anzulegen und die Wunde mit klarem Wasser zu reinigen, sobald sie aufgehört hat zu bluten. Wenn dein Partner ein Schmerzmittel einnimmt, sollte es eines sein, das die Blutgerinnung nicht beeinträchtigt.

- Auf blaue Flecken solltest du nicht erneut einschlagen, da dies zu bleibendem Schaden führen kann.

- Wenn dein Partner offene Wunden hat und du dir nicht sicher bist, ob er Träger einer ansteckenden Krankheit ist, solltest du dir vor der Wundversorgung Latexhandschuhe überziehen.

- Aufgeplatzte Haut kann durch Antibiotika vor Infektionen geschützt werden. Eine Mullbinde zum Überdecken verhindert, dass Kleidung darüberreibt. Später kannst du auch eine Feuchtigkeitscreme mit Kamille auftragen, die die strapazierte Haut beruhigt.

- Zum Umgang mit kleinen, leichten Blutungen verrät die SM-Website *Gentledom* fachkundig: *»Diese sollten zuerst ausgespült und dann durch Druck auf die Stelle gestillt werden. Noch schneller geht es, wenn der Druck durch einen Kälteakku erzeugt wird. Im Anschluss die Wundränder säubern (nicht die Wunde auswaschen) und desinfizieren (Kodan oder Cutasept). Danach die Wunde mit einem Pflaster oder einer sterilen Kompresse verbinden. Bezüglich der idealen Nachsorge, fragt einfach den Apotheker. Wenn euch die Frage peinlich ist, kauft Betaisadona.«*

- Zu mittleren Blutungen heißt es auf *Gentledom*: »*Wenn es kein kleiner Blutfluss ist, kann es sein, dass ein größeres Blutgefäß erwischt wurde. Versucht, die Blutung durch Druck und einen Kälteakku zu schließen. Wenn das Blut nicht aus der Wunde fließt, sondern spritzt, habt ihr wohl eine Ader oder Vene erwischt. In diesem Fall legt ihr einen Druckverband an und lagert den Verletzten in einer ruhigen Position. Danach ruft ihr sofort einen Notarzt. (…) Hier bloß keine Geschichten erfinden. Es kommt raus und die Ärzte können euch nur richtig schnell helfen, wenn sie genau wissen, wie es passiert ist.*« (Der Betreiber der zitierten Website teilte mir auf meine Anfrage hin mit, dass die dort veröffentlichten Texte zu medizinischen Themen immer von Fachleuten und meistens nach dem Vier-Augen-Prinzip verfasst werden, damit sie verlässlich sind.)

- Ebenfalls sofort zum Arzt sollte dein Partner, wenn er Anzeichen innerer Blutungen zeigt. Zu den Symptomen gehören Unterleibsschmerzen, Übelkeit, Erbrechen, Blut in den Körperausscheidungen, Probleme beim

Wasserlassen, Erbleichen und Schwitzen, anhaltende Schmerzen im Steißbein sowie länger als eine Stunde anhaltende Taubheit beziehungsweise Kribbeln in Armen oder Beinen. Nachts oder am Wochenende steht der ärztliche Bereitschaftsdienst unter der bundesweit einheitlichen Telefonnummer 116 117 rund um die Uhr zur Verfügung und schickt auch einen Arzt in eure Wohnung.

Ich wünsche dir und deinem Partner natürlich, dass euch solche Probleme erspart bleiben. Aber sobald du Spanking ernsthaft betreibst, solltest du gut auf alle Missgeschicke vorbereitet sein und damit schnell und sicher umgehen können. Wenn du das alles im Griff hast, beherrschst du eine sexuelle Praktik, die ausgesprochen lustvoll sein kann.

GRATIS

»UNARTIG«

VON ARNE HOFFMANN

DIE EROTISCHE INTERNET-STORY

MIT DEM GUTSCHEIN-CODE

AH6TBJHEN

ERHALTEN SIE AUF

WWW.BLUE-PANTHER-BOOKS.DE

DIESE EXKLUSIVE EROTISCHE ZUSATZGESCHICHTE
ALS E-BOOK IN DEN FORMATEN
PDF, E-PUB UND KINDLE.

REGISTRIEREN SIE SICH EINFACH ONLINE ODER
SCHICKEN SIE UNS DIE BEILIEGENDE
POSTKARTE AUSGEFÜLLT ZURÜCK!

- ☐ Ja, ich möchte am iPad-Gewinnspiel teilnehmen.
- ☐ Bitte schicken Sie mir die kostenlose Internet-Story »Unartig« ausgedruckt per Post an meine folgende Adresse.

☐ Herr ☐ Frau

Name, Vorname

Straße, Hausnummer

PLZ, Ort

Land

Geburtsdatum

E-Mail (für aktuelle Informationen)

Wie haben Sie von diesem Buch erfahren?

Wo haben Sie dieses Buch gekauft?

Infos zur Datenverarbeitung unter: blue-panther-books.de/de/datenschutz.html

Arne Hoffmann - Spanking | 4. Auflage | AH6 | 511

Bitte freimachen falls Marke zur Hand

Antwort

blue panther books
Osterfeldstr. 12-14 | Haus 1 | Nord
22529 Hamburg
Deutschland / Germany

Arne Hoffmann
Die ersten Schritte SM

»Die ersten Schritte SM« richtet sich an absolute Neulinge in der Kunst der erotischen Unterwerfung. Wenn du noch nichts oder nur wenig über solche Praktiken weißt und Fragen hast, dann liegst du mit diesem Ratgeber genau richtig. Schritt für Schritt führt er dich in eine ebenso faszinierende wie erregende Welt. Er zeigt dir, wie du am besten vorgehst, damit SM-Spiele für dich und deinen Partner eine großartige Erfahrung werden, die euch beide glücklich macht.
Neben vielen Informationen und Tipps findest du auch einen Neigungsfragebogen für SM-Spiele, der dir und deinem Partner hilft, eure Wünsche auf einen Nenner zu bringen.

Herzliche Grüße, Arne Hoffmann

Arne Hoffmann
Dominanz

Wie gehst du am besten vor, wenn du deinen Partner zu deinem Sklaven machen möchtest? Mit welchen Techniken wirkst du auf erregende Weise dominant? Wie kannst du deinen Partner am raffiniertesten demütigen und bestrafen? Und worauf musst du achten, um ungewollte Schäden zu vermeiden? Die Antworten auf all diese Fragen findest du in diesem Buch – und viele Ideen für fantasievolle Erniedrigungen gibt es dazu. So lernst du Schritt für Schritt die Kunst der erotischen Herrschaft und gestaltest aus der Unterwerfung deines Partners ein erregendes Erlebnis für euch beide.

Herzliche Grüße, Arne Hoffmann

Verwendete Literatur

Die folgenden Texte habe ich zurate gezogen, um dieses Buch zu schreiben. Dabei habe ich auf Fußnoten verzichtet, damit dieser Ratgeber nicht wie eine wissenschaftliche Arbeit aussieht und weil oft viele verschiedene Quellen dieselben Informationen enthalten. Oft verrät aber schon der Titel der hier aufgeführten Quelle, für welche Passage dieses Buches sie eine der Grundlagen war.

- Ambrosio's BDSM Site: Caning Notes. Online unter http://www.evilmonk.org/a/canenote.cfm
- BDSM Cafe: BDSM vs. Abuse – Know the Difference. Online unter https://bdsmcafe.com/resources/bdsm-safety-guides/bdsm-vs-abuse-know-difference
- BDSM Wiki: Impact Play. Online unter http://bdsmwiki.info/Category:Impact_Play
- Brame, Gloria: Come Hither: A Commonsense Guide to Kinky Sex. Fireside 2000
- Dante, Robert: A Responsible Top's Primer for Femdom Plays. Online unter http://collarncuffs.com/resources/doku.php?id=bull_whip_safety
- Datenschlag: Peitsche. Online unter http://www.datenschlag.org/papiertiger/lexikon/peitsche.html
- Dominant Guide: The Rap on Wrapping: A Discussion of Impact Play. Online unter http://dominantguide.com/213/the-rap-on-wrapping-a-discussion-of-impact-play
- Edwards, CJ: Your Hand, My Ass: Erotic Spanking for Beginners. Online unter https://www.kinkly.com/2/868/beyond-missionary/bdsm/your-hand-my-ass-erotic-spanking-for-beginners
- Em & Lo: 150 Shades of Play. Better Half Books 2012
- Fetisch Hof Berlin: Spanking Tips. Online unter http://bdsm-lounge.de/spanking-tips
- Fournier, Anabelle Bernard: The Art of Impact: How to Increase Intimacy With Impact Play. Online unter https://www.kinkly.com/the-art-of-impact-how-to-increase-intimacy-with-impact-play/2/15433
- Frugal Domme: Face Slapping – Pro or Con? Online unter http://www.frugaldomme.com/dangers/danger10.htm
- Gentledom: Blessuren und Schlimmeres. Online unter http://gentledom.de/grundlagen/bdsm-anleitung/sm-umgang-mit-spuren
- Gentledom: SM Stellungen. Online unter http://gentledom.de/grundlagen/bdsm-anleitung/sm-die-stellungen
- Gentledom: Wie schlage ich richtig? Online unter http://gentledom.de/grundlagen/bdsm-anleitung/sm-die-ausfuehrung
- Gentledom: Womit kann gequält werden? Online unter http://gentledom.de/grundlagen/bdsm-anleitung/sm-die-mittel
- Grimm: Grim's Flogging FAQ, Parts 1 & 2. Online unter http://www.evilmonk.org/a/grimflog.cfm.
- Hardy, Janet: Spanking for Lovers. Greenery Press 2018
- Hardy, Janet und Easton, Dossie: The New Bottoming Book. Greenery Press 2001
- Hawks, Katharine: The Joy of Caning. Online unter http://www.frugaldomme.com/dangers/danger14.htm

- Henkin, William und Holiday, Sybil: Consensual Sadomasochism. How to Talk About It and How to Do It Safely. Daedalus Publishing Company 1996
- Hoffmann, Arne: SM-Lexikon. Passion Publishing 2010
- Jellinghaus, Rob: Whipping … why is it such fun? Online unter http://collarncuffs.com/resources/doku.php?id=whipping_guide
- Kendrick, Keith: The Basics of Flogging. Online unter http://dominantguide.com/4192/the-basics-of-flogging-or-how-to-flog-someone-so-theyll-come-back-for-more
- Kessler, Mitch: Six of the Best: Canes and Caning. Online unter https://www.aswgt.com/content-canes&caning.html
- Lee, Tasha: Hot Crossed Buns. A Beginner's Guide to Spanking. Xlibris Corp 2010
- Lords, Kayla: The Ultimate Guide to Impact Play. Online unter https://www.kinkly.com/the-ultimate-guide-to-impact-play/2/14389
- Master Bishop: Taking Your Corporal Punishment. Online unter https://bdsmtrainin-gacademy.com/taking-your-corporal-punishment
- Masters, Peter: Practical Caning. Online unter https://www.peter-masters.com/wiki/index.php/Practical_Caning
- Masters, Peter: Pain Play. Online unter https://www.peter-masters.com/wiki/index.php/Pain_play
- Miller, Philip und Devon, Molly: Screw the Roses, Send Me the Thorns: The Roman-ce and Sexual Sorcery of Sadomasochism. Mystic Rose Books 1995
- Miss Bitch and Miss Bonnie: Breaking In Your New Whip. Online unter http://collarncuffs.com/resources/doku.php?id=whip_breaking
- Miss Bitch and Miss Bonnie: Different Strokes for different folks. Online unter http://collarncuffs.com/resources/doku.php?id=different_strokes
- Miss Bitch and Miss Bonnie: Caning Introduction. Online unter http://collarncuffs.com/resources/doku.php?id=canes
- Miss Bonnie: Floggers. Online unter http://collarncuffs.com/resources/doku.php?id=floggers
- Mistress Kay: 8 Tips for Buying Your First Spanking Paddle. Online unter https://www.kinkly.com/2/13048/sex-toys/8-tips-for-buying-your-first-spanking-paddle
- Mistress Kay: 6 Steps to Choosing a Flogger. Online unter https://www.kinkly.com/2/8317/sex-tips/bdsm/6-steps-to-choosing-a-flogger
- Mistress Kay: 6 Tips for Buying a Riding Crop. Online unter https://www.kinkly.com/2/13225/sex-toys/6-tips-for-buying-a-riding-crop
- Mistress Kay: The Ultimate Guide to Impact Play Toys and Spanking Implements. Online unter https://www.kinkly.com/the-ultimate-guide-to-impact-play-toys-and-spanking-implements/2/15881
- Nicholson, Matt: Breast Torture. Online unter http://dominantguide.com/encyclopedia/breast-torture
- Norische: Like A Slap In the Face: The Basics of Face Slapping. Online unter http://www.idahobdsm.com/articles/howto/slapping.html
- Rev: What's That You Say? Reading Body Language in Play. Online unter http://dominantguide.com/2203/whats-that-you-say-reading-body-language-in-play

- Sharkey, Lorelei: The Mistress Manual. Greenery Press 2000
- Spanking Art Wiki: Diverse Einträge. Online unter http://spankingart.org/wiki
- Spanking Basics. Online unter http://spankingbasics.com
- Stern, Anika: The Art of the Cane. Ursprünglich online unter http://www.anikastern.com/LS/cane1.htm
  Bei Drucklegung des Ratgebers nicht mehr online.
- Sutra, Cara: Best Tools for Corporal Punishment & Spanking. Online unter http://carasutra.com/2015/08/best-tools-corporal-punishment-spanking
- Summers, Constance: How to Begin Spanking. Independently published 2018
- Sutra, Cara: Safe, Sexy Spanking Tips for Two. Online unter https://www.kinkly.com/2/1264/beyond-missionary/bdsm/safe-sexy-spanking-tips-for-two
- Taormino, Tristan: 50 Shades of Kink. Cleis Press 2014
- Terry: How to Correctly Use A Flogger. Online unter https://friskybusinessboutique.com/how-to-correctly-use-a-flogger
- The Kink Realm: Face Slapping – Techniques and Caveats. Ursprünglich online unter http://www.thekinkrealm.com/article/face-slapping-techniques-caveats
  Bei Drucklegung des Ratgebers nicht mehr online.
- Warren, John und Libby: The Loving Dominant. Greenery Press 2008
- Webb, Karin: S is for Slapping. Online unter http://abcsofkink.com/s-is-for-slapping
- Wippipedia: Advice: Caning. Online unter http://wipipedia.org/index.php/Advice:_Caning
- Wiseman, Jay: Tricks to Please a Woman. Greenery Press 2002
- Wiseman, Jay: SM 101: A Realistic Introduction. Greenery Press 1998
- You Only Wetter: 10 Basic Caning Tips. Online unter http://youonlywetter.co.uk/blog/2014/01/08/10-basic-caning-tips
- Zandrock: BDSM 101 -- Impact Play. Online unter https://www.edenfantasys.com/sexis/advice/bdsm-101-impact-play
- Zandrock: BDSM 101 – Learning to Hit Your Partner. Online unter https://www.edenfantasys.com/sexis/sex-and-relationships/bdsm-101-learning-to-hit
- Zenn, Saskia: Spanking, Spritzing and Punishment Books. Online unter http://www.tickleberry.co.uk/spanking/smack-enhancements

Die Zitate stammen aus folgenden Quellen:

- S. 11: Summers, Constance: How to Begin Spanking. Independently published 2018, Seite 24. Eigene Übersetzung.
- S. 75: Mistress Kay: The Ultimate Guide to Impact Play Toys and Spanking Implements. Online unter https://www.kinkly.com/the-ultimate-guide-to-impact-play-toys-and-spanking-implements/2/15881. Abgerufen am 14. Februar 2019
  sowie Mistress Kay: 6 Tips for Buying a Riding Crop. Online unter https://www.kinkly.com/2/13225/sex-toys/6-tips-for-buying-a-riding-crop. Abgerufen am 14. Februar 2019. Jeweils eigene Übersetzung.
- S. 88: Hawks, Katharine: The Joy of Caning. Online unter http://www.frugaldomme.com/dangers/danger14.htm. Abgerufen am 14. Februar 2019. Eigene Übersetzung.
- S. 119: Gentledom: Blessuren und Schlimmeres. Online unter http://gentledom.de/grundlagen/bdsm-anleitung/sm-umgang-mit-spuren. Abgerufen am 14. Februar 2019.